わたしの旅ブックス
055

辺境、風の旅人

芦原伸

産業編集センター

はじめに

二〇〇六年、アメリカで起こった衝撃的な事件を覚えていらっしゃる方も多いだろう。ペンシルバニア州、アーミッシュの学校で起こった銃撃事件だ。

ある男が学校に突然乱入。銃を乱射し、女子生徒五名を銃殺、五名が重傷を負った。教室は血まみれになった。「神を許せない！」というのが犯人の理由だった。加害者はほどなく自殺した。ところが被害者側の娘らの両親は、犯人の罪を責めず即座に赦《ゆる》したのである。それどころか犯人の両親に同情し、彼らを見舞い、その痛みを分かち合うべく、花をもって彼らの心が癒されるまで慰安訪問を続けた。

このニュースは世界中に流され、「アーミッシュの赦し」の感動、衝撃は広まった。

本来ならば加害者を憎み、報復を願うのが人の常である。

ところがアーミッシュは、

――人は過ちを犯す者、人は人を裁けない。裁くのは神の仕事。

という信条だった。

アーミッシュ村のエピソードは本書のモンタナ州の章でも触れた。

アーミッシュはプロテスタントの一派だが、一九世紀頃の習慣を守り、いまだに文明を排し、電化生活を拒み、移動は馬車を使っている。超文明国のアメリカにありながら、その谷間のような辺境に暮らしている。


辺境には澄んだ空があり、穏やかな風が吹き、人々の素朴な暮らしがある。

そこには神の教えや祖先の言い伝え、伝統的な習わしが息づき、自然と共生しようとする人々の共同体が息づいている。

アーミッシュの村もその一つである。

そうした辺境から学ぶことがあるのではないか――、
というのが本書を書く動機だった。

現代では「世界標準化」が「進化」と同じような意味で理解されている。

文明が世界の隅々まで浸透し、グローバルスタンダードという言葉が日常化しているが、果たして文明は本当に人類を幸福にしたのだろうか？

消費生活になじんだ私たちは古いものを捨てることを善として、大量生産・大量消費社会を実現し高度文明社会を築いてきた。果たしてその高度文明社会が人類を進化させたか、といえば疑問は残る。

世界はますます格差社会が広がり、森林資源の消滅は地球温暖化を加速させ、化石燃料の消費は大気汚染、酸性雨をもたらし、今や地球は瀕死の状態である。

同時に世界は分断化が進んでいる。資本主義大国と全体主義大国とが敵対し、強国が弱国に平然と侵略した。戦争がはじまり難民、飢餓が広がる。終わることのない戦争の今日を鑑みるに、文明が人類に幸福をもたらしてくれたのか、疑わざるを得ない。

一度、文明という色眼鏡をはずして辺境を旅してみよう。

そこには「安全」「清潔」「便利」という現代文明の恩恵は保証されないが、荒々しい大自然や中世とさほど変わらぬ人々の暮らしのなかに新しい発見があるかもしれない。異文化との接触や未知との出会いが、現代のＩＴ文明とはまったく違った価値観を教えてくれるだろう。

改めて人類の歴史を眺めてみるとアフリカから出発して地球の隅々に至るまで人類は遠大な旅をしてきた。農耕と牧畜がはじまるまでの人類の暮らしは自然と共生しながらの移動生活であった。そうした旅の記憶が私たちのＤＮＡのなかに深く刻まれているのではないか。

辺境への旅は私の人生をも変えてくれた。

仕事に疲れた時、物事がうまくはかどらない時、私は辺境への旅に出る。

太古から変わらぬ自然の風景は私の心を無垢に帰し、私の魂に治癒力を与えてくれるのだ。

本書は一九九〇年代から二〇二〇年代までの私の約三〇年に及ぶ辺境の旅の中から、思い出深い国、その旅の印象記を追想したものである。

しかしながら私はバックパッカーでもなく、専門の研究者でもない。それゆえ一つの国に長期間滞在して異国の人々と生活をともにしたり、異文化体験を究めた経験はない。私は雑誌や新聞の取材記者であり、本著は通り過ぎた旅人の垣間見た風景、聞きかじった記録に過ぎないことをお断りしておきたい。

ぜひ読者の新しい地平線への旅立ちを期待したい。

芦原　伸

辺境、風の旅人｜目次

［写真］生井秀樹、戸川覚、芦原伸

1 ケニア

グッドモーニング、ケニア

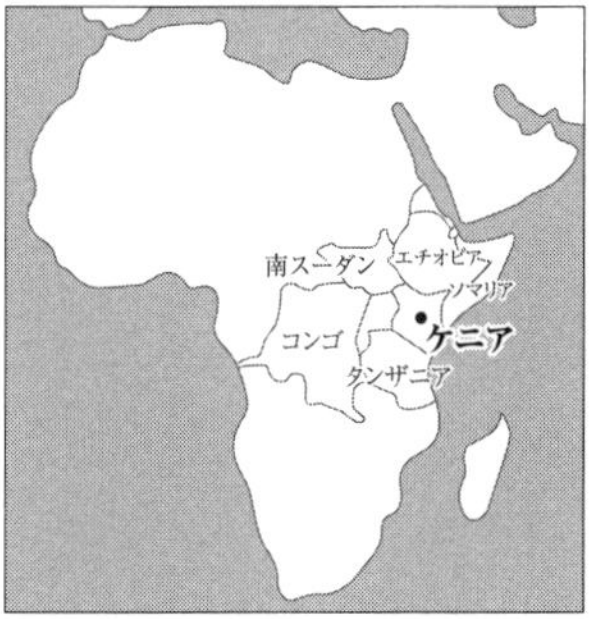

サファリキャンプの極楽

「グッドモーニング、サー。ティー、プリーズ」

朝六時、ケニア、サファリキャンプのテントである。

いかつい体格の黒人ボーイが眠っていた私を起こしにきた。見れば白いシャツに黒いジャケットの正装姿。真っ黒な顔に真っ白な歯を見せてニッと笑顔を浮かべている。

盆の上には紅茶のポットとビスケットが置かれてあった。

サファリキャンプの「モーニング・ティー」のサービスなのであった。

映画などでよく見るシーンである。

淑女がベッドに入ったまま召使から紅茶を受け取り、眠りまなこをこすりながらお目覚めの紅茶を啜る、という場面だ。

イギリスの貴族社会のなごりなのだろう。ここではお金さえあれば、黄色人種の私でもこうした〝貴族〟の待遇を受けられるのだ。思わずチップをあげたくなるが、この国のリゾートでは従業員はルームサービスでのチップは受け取らない。枕銭もそのまま手をつけずに置いてある。まぁよくしつけられたものだ。

ケニアが独立したのは一九六三年、それ以前はイギリスの植民地だった。イギリスの富裕層の地主、夫人らがわが子のように黒人を育て、英語の読み書きを教え、日曜日には教会へ連れて行った。キリスト教の慈善精神なのだろう。しっかりと黒人に植えつけた「しつけ」が今もここサファリキャンプでは継続している。

アジア人としてのコンプレックスは多少あるが、たまには王侯貴族を気取ってみるのもいいか、誰も怒りゃしないだろう、と思いながら熱い紅茶を啜る。

まだ夜明け前だ。地平線からゆっくりと太陽が昇ってくる。

薄闇の森のなかで野鳥の合唱が一斉にはじまり、バブーンと呼ばれるヒヒたちがキイキイと啼きながら餌を求めて樹間で騒ぐ。

サヴァンナの朝だ――。

赤道直下というのに、ここでは高原のひんやりとした空気が心地好い。

ケニア内陸南部、マサイマラ国立保護区にいる。

首都ナイロビから南へ二六〇キロ、タンザニアとの国境にも近い保護区内のガバナーズ・キャンプだ。一帯は野生動物特別保護区で、ガバナーズとはかつてこの国を統治したイギリス政府の官僚らをさすのだろう。今では世界各国から季節を問わず、最高に贅沢な休暇を求めて観光客がやって来る。

湖に面してテントが並ぶ。テントといっても日本のキャンプ場とは大違いだ。テントの中には絨毯《じゅうたん》が敷かれ、ベッド、鏡、調度品等の設備が整っている。今流にいえばグランピングである。シャワー、トイレは別棟の専用テントだが、いつでも温かい湯が机上のポットに用意されている。

川面にのんびりとユーモラスな顔を出して群れるカバ、湖に翼を休めるペリカン、水を飲みに集まるバッファローやウオーターバック……。テントの前に置かれた椅子に腰かけながら、大自然の真っただ中で野生動物観察を堪能する。

野外の大テーブルに用意された朝食が終わると、グループごとに野生動物ウォッチングに出かける。ここでは〝ゲームドライブ〟という。ゲームとは狩猟のことだ。

かつてアーネスト・ヘミングウエイやセオドア・ルーズベルト、ウィンストン・チャーチルら世界の顔をもつ男らが猛獣狩りに夢中になった。その後ケニアのゲームサファリは世界中の富裕層の道楽となり、またたくまにビッグファイブと呼ばれるライオン、ヒョウ、アフリカゾウ、サイ、ウォーターバッファローなどが標的となり激減した。政府は一九六四年、国立保護区法を定め、保護区内の狩猟を禁止した。今は銃からカメラハンティングに様変わりしている。

ゲームドライブの魅力

ガイドとともにランドローバー（四駆ジープ）に乗り、サヴァンナのなかへ繰り出した。

ここは動物園ではない。

はるばるタンザニアから旅を続ける巨象たち、草原を埋め尽くすヌー（ウシカモシカ）の群れ、キリンたちのゆっくりした華麗な足取り、草原を蝶のように軽やかに駆け回るインパラの群れ……見るものすべてがリアルで感動的だ。

「ラブリー！」

「イッツ、ワンダフル！」――。

野生動物が現れるたびに同乗者の初老のご婦人たちからときめきの声があがる。双眼鏡や望遠レンズを懸命に覗きこむご婦人らは白髪ながら、ここではあどけない少女の顔になっている。かつては銃を携えていた紳士たちは今はカメラハンターだ。

サヴァンナに明日はない――。

野生動物たちは毎日が生存競争のなかにある。生まれたばかりの小さな命は明日は露の葉も乾かぬうちに原野の中に葬られる。動物たちは弱肉強食のサバイバルのなかにいる。小さな生きものらは格好の猛獣の餌食《えじき》となる。ライオンばかりかチーターやハイエナ、空からはハゲコウがか弱い子らを狙っている。

しかし、所詮動物の性《さが》かと思うのは、大抵の動物は隣でライオンに仲間が食べられていても無関心だ。仲間が苦しみながらもがいているのを見ながら平然と草を食べている。自分の身に危険がない限り我関せず焉《えん》なのだ。一方で、傷ついた小鹿を親鹿がいたわり、仲間の群れが彼らを安全な場所に導くといった光景もしばしば見られる。ライオンに襲われた仲間を皆で反撃して救うというバッファローは勇敢だ。

弱肉強食、食物連鎖という図式はここでは単純に当てはまらない。百獣の王・ライオンすら草原の清掃屋のようなハイエナに襲われることがあるからだ。


朝のサファリが終わると午後は自由時間だ。

客たちは思い思いにゆったりと自分たちの「時」を過ごす。

テントサイトで推理小説を読む金髪のイギリス人女性、食堂でくつろぐ若いアメリカ人の新婚カップル、ドイツ人だろうか昆虫採集に出かける老夫婦など、夕刻のサファリまで、客たちは自由な時間を過ごしている。

欧米からはシルバー層のカップルが多い。彼らは一週間ほど滞在し、銀婚式かどうかは定かではないが人生の節目を祝っているように思える。朝夕はサファリに興じ、昼間は散歩にでかけ、夜はワイングラスを傾けながら、長い食事を二人だけの会話で楽しんでいる。

ここでは日本人の観光ツアーのようにバスに揺られて、あちこち移動しない。買い物客目当てのお店もみやげ物屋もカフェもこの自然公園の中にはないからだ。

ただただ大自然が広がり、時がゆっくりと流れてゆく。

森を吹き抜ける一抹の風、赤褐色の大地はここでは上質なストーリーテラーだ。樹々のざわめきはかつて一五〇頭もの象の大群が水浴びを楽しんでいた物語を彷彿とさせ、乾いた大地は数万のヌーが遠い地平線へと消え去った記憶を思い出させる。

サファリキャンプは英国人たちの夢の〝置きみやげ〟と言っていい。ここで彼らは「古き、良き植民地時代」の郷愁に浸っている。

彼らを迎えるケニア人らは接客のプロたちである。

でっぷり肥り、愛嬌たっぷりの黒人の支配人。

「ウエル・カムバック！　ジャンボ、ハバリガーニ、ミスター」

彼らは客の名、夫人のファーストネームをしっかりと覚えている。

手際よく調理するとびきり腕のいい料理人、忠実で丁寧なボーイたち、明るく陽気な洗濯の女性たち——。

サファリガイドはプロとしてしこまれている。彼らの視力は「５」と言われ、地平線上にある小さな点のような影でも、ヌーか、トピかを選別できる。また「安全」、「危険」を見分けることができ、ライオンから三メートルほどの近くへクルマを寄せることができる。その時々のライオンの仕草で、彼らが襲わないことを予知できるからである。

彼らは英国人に育てられ、しつけられた〝良い子〟たちの末裔である。

ここで私は彼らに負けまいと〝東洋のお坊ちゃん〟を気取ってみる。日本人は最近いささか評判を落としたが、今でもアジアの優等生であることに変わりはない。

かつてこの国で日本人は人気だった。経済成長でヨーロッパ諸国を抜いたという経歴が尊敬されていた。アジア人は非白人だからアフリカ人としては仲間意識があるからだ。ほどほどのオカネをもっており、礼儀正しく、英国人のように上からの目線はない。かつて白人やアラブ商人らが行った〝奴隷狩り〟のような過去の陰惨な歴史を背負っていないからだ。

陽が傾くと、急に周囲は忙しくなる。

ランドローバーのエンジン音が低く響き、

「イブニング・サファリの出発ですよ！」――ボーイたちのお客を呼ぶ声が森の沈黙を破る。

「今日はチーターを見つけてくれ」

大型カメラを抱えた英国人の老紳士がサファリガイドに小声で囁く。

そして私たちはサヴァンナの地平を今日も駆けめぐる。

たそがれの草原は、美しい映画のラストシーンだ。

キリンが、トピが、エランドが、黒い影を落とし、大きな夕陽に向かい、地平線の彼方へ消えてゆく。小象を従えた巨象たちの大群は、一体どこをめざして旅を続けているのだろうか。あたかも神々に呼ばれているかのようである。

傘のようなアンブレラツリー（アカシアの種）の枝にとまるマラブー（ハゲコウノトリ）は哲学者のようにじっと動かず、一日の終わりを待っている。

今日も一日が、
昨日と同じように終わった。

ヴァイオレンスまかり通るナイロビ

一度アフリカの水を飲んだものは、必ずアフリカへ帰る——。

イギリス人の残した諺《ことわざ》がある。

私はこの言葉に呪いをかけられたように、一九八三年、はじめてタンザニアを旅して以来、おそらく一〇回ほど東アフリカ詣でを続けた。

なぜかはこれからお話しするとして、辺境好きの旅人はどうやらアフリカ派かインド派に分かれるようだ。どちらも人間模様が面白く、カルチャーショックが大きい。アフリカにハマった人はインドにはあまり行かない。インドにハマった人はアフリカにはあまり興味を抱かない。私の周辺の旅人たちも、大体二派に分かれている。どちらの国も欧米先進国の世界標準化に抗して、カウンターカルチャーが強烈だからだろう。

私はサミー・ムゥイルという黒人ガイドと親しくなり、彼とともに東アフリカを旅することを続けた。写真家で友人の生井秀樹さんも必ず同行した。

生井さんの専門分野は音楽で、ミュージシャン（ジョン・レノンも来日の折、撮影した）やロックやブルースの歌手のステージ写真が主なのだが、どうやらその音楽の原点がアフリカにあると確信しており、アフリカ音楽に入魂していた。大学時代は文芸部に属したという本読みでもあり、卒業してからはブラジルで半年ほど暮らしたという旅好きである。

「久しぶりにサヴァンナの風に吹かれようよ」

声をかけると生井さんは必ず賛同した。今思えば生井さんと一緒だったからアフリカ通いが続いたのだろう。一人だけならそうはならなかったに違いない。

サミー・ムゥイルはカンバ族の出身で、頭は縮れ毛（もはや白髪となっているが）で、顔や肌は黒く、白い歯だけが浮き出ている。肩幅は広く、丸太のような腕を持ち、体格は頑丈そのものだが、ずんぐりむっくりの短身。英語、スワヒリ語、カンバ語を話し、クルマの運転技術は抜群、サービス精神も旺盛で、ガイドとしてはケニアの生き字引であった。

サヴァンナを離れれば、ナイロビに妻と二人の子供をもつフツーの親父だ。いつもくたびれた作業服を着ており、もし彼が街をふらりと歩いていれば、どこか退職した労務者のようにも見えることだろう。要はたいへん地味な風貌なのである。

観光客にはサファリルックで決めている白人の若いガイドが人気である。最初サミーに頼んだ時は失敗した、と思った。寡黙で不愛想な人柄に思えたからである。

ところが以後さまざまな局面に出会うことになるが、サミーの判断は素早く的確で、あらゆる能力が他のガイドより抜きん出ていた。

ある時のこと、生井さんがナイロビのディスコへ行きたいとサミーに頼み、同行してもらったことがあった。リンガラ音楽の人気ミュージシャンが西アフリカからナイロビに出稼ぎ演奏に来ていたからだ。生井さんにとっては大チャンス、聞き捨てならない。

バンドの四人の若者は夜九時頃から明け方まで休みなく歌い続ける。その歌唱力、体力は凄まじいものだ。客はダンスホールで踊っている。生井さんはミュージシャンを撮っていたが、ふと花柄のワンピースを着たアフロヘアの女性に惹《ひ》かれた。プロカメラマンの彼はひそかに盗み撮りをした。が、その瞬間二人のいかつい男に囲まれて恫喝《どうかつ》された。実は女性は娼婦で、二人の男は用心棒というかヒモだったのだ。大金を要求され生井さんはサミーに助けを求めた。サミーは事情を知ると、敢然と二人の男の前に立ちはだかり、押し問答の末、相手を屈服させた。相手は当初老人と見くびっていたが、たちまちサミーの抗弁と腕力に圧倒された。

「五ドルだけ、あげてください」

サミーはその場を事なく収めた。生井さんの蒼ざめた顔がいまも忘れられない。

またまた事件は起きた。ナイロビから郊外に出てメイズ（トウモコロシ）畑の風景を撮っていた時のことだった。

道路工事の仕事を終えた肉体労働者が上半身裸でトラックの荷台にわんさと乗っていた。まるで映画で見る〝奴隷市場〟の光景だ。

絶好の被写体だと思った生井さんはすかさずカメラを向けて彼らを撮った。

すると全員が抗議の罵声をあげ、手にもつフォークやスコップを振り上げて怒りを露わにした。一瞬どうなることか、と思った。トラックは罵声を浴びせながら目の前を通り過ぎた。ホッとしたその時、なんと一〇〇メートルくらい先からトラックはUターンして戻ってきたのだ。

黙って被写体とされた詫びをさせようということだろう。労働者たちは声をあげまだ武器を手放さない。

サミーはそれを見て、すぐさま「クルマに乗れ！」と、私たちを促し全速力で走りだした。トラックはすぐ後ろから迫ってくる。捕まれば多勢に無勢。しかも相手は武器を振りかざしている。私は半分覚悟した。

ナイロビの街の入口まで逃げ切ると、トラックは速度を落としバックミラーから姿を消した。複雑な道路の市内ではトラックは小回りがきかず、ジープに追いつけないと判断したのだろう。やっと安心していたら、突然正面からトラックがふたたび姿を現した。もはや、観念！　と目をつぶった。しかしサミーは止まらず、逆にアクセルを踏み込み、ほんの一〇センチあるかないかの対抗空間をすり抜けた。

神業であった。

もう大丈夫だ。トラックは市街地でUターンなどできない。

のちにサミーにきくと、

「最初は街まで逃げ切れると確信した。距離とクルマを比較したんだ。相手はトラック、こちらはランドローバー（四駆のジープ）。ナイロビの街までは一〇キロだ。逃げ切れると判断して狭い道路を選びながら走った。二度目の時はマグレだなあ。危なかった」

かくして無事にホテルまで帰ることができた。

サミーの判断は正しかった。生井さんはまたまた反省した。

ナイロビは当時世界でもとりわけ危険な街となっていた。もし彼らに捕まっていたら、袋叩きの半殺しにあうか、詫びに一〇〇ドルくらいでは済まなかったことだろう。

一九九八年、テロ集団によるアメリカ大使館爆破事件があって以来、白人は危険にさらされている。おまけに長い旱魃《かんばつ》が続き、ソマリアからの難民の流入が止まらない。

失業、暴力、売春、人種差別——。強盗や窃盗は日常茶飯事で、世界の悪がこの街に凝縮されているようだった。

ところが不思議なのだが、それでもこの国の人々は明るく陽気で楽天的な気分が街には漂っている。

ここでは文明国の〝色眼鏡〟をはずして、ものごとを見なければならない。

たとえば失業者は文明国では出世の〝落ちこぼれ〟かもしれないが、この国で失業は日常茶飯事、むしろそれを好んで選んでいるという風にさえ見受けられる。

寝たいときに眠り、ビールを飲みたいときに飲み、踊りたいときにはディスコへゆく。

人生はその日暮らし、気ままで自由で、管理社会に縛りつけられていない。もっともカネはなく、いつも貧乏ではあるが、しかし、自由でいることと、生活を束縛されていることと、どちらが人間にとって幸せだろうか――。

この国は物価が安くさほど金がなくとも暮らしてゆける。高級レストランの夜回りや富裕層の乗る高級車の駐車場での見張りをしたり、みやげ物屋の客引きを手伝ったり、たまに特殊なルートで入手したマリファナを外国人に渡したりすれば、結構小遣い稼ぎになり、日々の食事と遊びには困らない。

売春婦とて同じである。夜のナイロビを歩けば、「ハイ」、「サイコー」と声をかけてくる売春婦（「サイコー」は日本人に対してだけ）は多いが、その女たちの目的はカネだけか、と思うと、いささか違ってくる。

彼女らは貧しい村から出て来た平凡なフツーの女たちなのである。男と一夜をともにして、心が通じ合えば、彼女らは食事、洗濯の世話まで面倒を看て、知らぬ間に共同生活者になったりしている。サミーによれば白人でもそうした女性を正妻として迎えている人も多いという。

――明日は、明日の風が吹くさ。

その日暮らしといえば、聞こえはよくないが、それが彼らのフリーターたるウエイ・オブ・ライフなのだ。

持ち家のローンのために働きバチとなり、企業という運命共同体に一生縛られる〝文明人〟とどちらが果たして幸福なのだろうか？

この国に来ると人生観が変わってしまう。

マサイ族の暮らし

ケニア、タンザニア両国には遊牧民のマサイ族が暮らしている。

コンピューター全盛のこの時代でも、槍を手に、短剣を腰に差し、牛や羊の遊牧生活をしている。平均身長一九〇センチ、脚の長いすらりとした体軀で視力は三・〇～八・〇。遠くの点のように見える牛や羊も見逃さない。牛糞と泥で固めた掘っ建て小屋に住む彼らは、文明人の眼からすれば、不潔で、遅れた〝野蛮人〟にしか見えないだろう。

しかし、彼らはその生活スタイルを誇りとしており、厳として変えず、自らの意志で〝脱文明〟の生活を選択している。

マニヤッタ（集落）の傍らをジープが駆け抜け、近くのロッジには電気、ガス、水道が設備されている。文明がすぐ手の届くところにあるのに、彼らは一切文明とは無縁の暮らしを続けている。

ただし侵入者は許さない。

ある時は銃を手にしたアラブの象牙商人らと弓矢で戦い、またある時は植民地経営に乗り出したイギリス軍と槍で戦った。イギリス人らがもっとも手を焼いた武闘派民族である。族長を中心に厳しい戒律のなかに生き続け、神から与えられた一握りの糧を得て、天命を全うするかのごとくだ。

最初にマサイと遭遇したのはタンザニアのサヴァンナだった。

なだらかな丘があり、その丘の上にひとりのマサイの男が立っていた。〝サヴァンナの貴族〟――誰が名づけたかは知らないが、民族衣装を纏い、長身で脚が長く、見るからに精悍な彼らの姿はその名にふさわしい。

クルマから三〇〇メートルくらいは優に離れていたと思う。思わず私は窓を開けてカメラのシャッターを押した。

マサイの男は私のカメラのシャッター音に耳敏く反応すると（聴覚も異常に発達している）、一瞬槍を高く上げて威嚇し、猛然と丘を駆け下り、クルマ目がけてダッシュしてきた。まるで黒い稲妻のようだった。サミーがクルマを加速させると、男は走りながら地面の石を拾い投げつけた。一瞬クルマの操作が遅れれば、私たちは重傷を負っていたかもしれない。バックミラーには外敵を駆逐したとでもいうような、何とも誇らしげな男の姿が映り、今もその恐怖は瞼に焼きついている。

背広を着たマサイ青年

アフリカは人類の発祥地である。

今から二〇〜三〇万年前のこと、森林（ジャングル）を出てサヴァンナで暮らした人類（ホモサピエンス）は二足歩行となり脳が発達し、道具を発明した。長らく狩猟採集生活を基盤としながらアフリカで過ごしていたが、五、六万年前からユーラシア大陸へ移動をはじめオーストラリア、アジア、ヨーロッパへと拡散した。

西アジア（今のトルコ、イランあたり）へ移住した人類はそこで野生の羊や山羊と出会い、彼らと共生することを覚えた。以来草を求めての遊牧生活がはじまる。

遊牧生活は狩猟・採集の次の人類の生活様式のステップで、定住する農耕生活へ入る前のことである。人類は家畜に草を与え、家畜から乳を得、チーズやバター、ヨーグルトなど栄養価の高い食料を得ることを覚えた。

マサイ系遊牧民は推定二三万人。五世紀頃西アジア方面からアフリカ大陸を南下してケニア、タンザニアに暮らしはじめた。一度拡散した種族が定住せず、ふたたび羊や山羊、牛を連れて、ふるさとのアフリカへ戻ってきたのである。彼らの生活スタイルは奇蹟的と言っていいほど太古とさほど変わっていない。

ある時、マサイのマニヤッタ（集落）を訪ねたことがあった。

事前に族長に交渉すれば、シリング（現金）次第で彼らは訪問を歓迎する。

不思議なことだが現金に関してのビジネス感覚は長けている（毛布や衣服をつくる布、鍋、皿などの食器には現金が必要だからだろう)。

サミーがシリングを渡すと、族長が大声で家族を呼んだ。女たちが集り、歓迎の歌と踊りを披露してくれた。マサイは一夫多妻制である。

生井さんがすかさずパチパチと撮りまくる。マサイもカネなら日本人カメラマンもカネだ。生井さんは払った以上元は取るぞ、といった意気込みだ。どちらもカネの執着はさほど変らない。

族長が腕をまくると金属製の腕時計が三つ巻かれていた。どちらも利用している気配はなく、単に装飾(宝物)のようである。しかし、電池式のものではなく、手巻きか太陽電池のものをちゃんと選んでいることに感服した(交換電池などどこにも売っていないからだ)。

掘っ建て小屋の中を見せてもらう。

外壁は牛糞と泥を混ぜて乾燥させたものだ。中に入ると暗い部屋の中央に囲炉裏が切ってあり、そこで煮炊きをするようだ。いつかモンゴルでパオ(テント)に入った時、床には絨毯が敷かれ、家具が置かれ、机の上にパソコンが置かれてあったのには驚いたが、こちらにはまったく家財道具はなく、土の床のままで、毛布が放り投げてあるだけだった。わずかな明かり取りから午後の光がうっすらと差し込んでいた。

マサイの主食は牛乳に生血を混ぜたものである。若い牛の首筋をナイフで傷つけ、そこからにじむ血を採り牛乳に混ぜて飲む。牛乳は日に二リットルは飲むといわれ、ヒョウタンに入れて持ち歩くと、自然発酵してヨーグルトになる。儀式や特別な日以外は山羊や羊の肉を食べない。だから彼らは極限まで痩せている。

同じ土地に定着せず、代々に渡り家を引き継ぐという習慣はない。家は単に雨、風、寒さを防ぐシェルターであって、移動する時にはすべて焼き払ってしまう。

マサイに関しては特別な体験もあった。

ある時、ナイロビからアンボセリ国立公園へ小型飛行で飛んだ時だ。隣席にスーツ姿でネクタイを締めた黒人の凛々《りり》しい若者が坐っていた。きけば彼はマサイ族だと言った。政府の奨学金制度を使ってイギリスの大学に留学しており、夏休暇で故郷に帰るところだと、きれいなクイーンズイングリッシュで話した。あのマサイ族にこうした青年もいるのだ、と私はびっくりしたが、翌日彼のマニヤッタ（村）を訪れることを約束した。

二度驚いたが、迎えに出た彼はすでに民族衣装に衣替えし、槍をもって立ち現れたのだ。

「これから牛の番に出かけるところだ」

何事もなく、ごく自然なことだ、というような態度だった。

イギリスで彼は電化生活や文明の恩恵のもとで暮らしているはずだ。しかし、ここでは泥の家と牛の乳の食事しかない。この変身ぶりは一体何がそうさせるのだろうか？

「自分はマサイだから、帰ったら故郷の暮らしに戻るのさ」

さも当然という表情で、そこに彼は何の違和感も感じていない。

赤い民族衣装を体に巻き、素足にサンダル履き。すぐさま故郷の暮らしに溶け込んでしまうのである。そんな彼の姿は忘れられないアフリカの風景のひとコマになった。

地球温暖化、自然環境破壊は産業革命以後の人類の大量生産、大量消費生活がもたらしたものだ。高度資本主義経済による文明社会は差別や戦争、難民を生み、もはや破綻している。

神は堕落した人間を絶滅させるべく、ノアの箱舟の時のごとき大洪水をふたたび地上に起こそうとしているかのような予感もある。その時、マサイは神の手によって救われるごく少数の民族となるのだろう。

ただ気になることは最近ケニアへ行った友人の情報によれば、ナイロビには高層ビルが並び建ち、今やアフリカでも一、二を争う国際都市となり、街路にゴミは一切なく、ビニール袋の使用は禁止され、「環境王国」を誇っているようだ。英語が生活の地盤にあるためIT技術も進んでおり、スマートフォンによる電子決算がコンビニなどでも普及してきている。その背景には現金を持たず危険を避けるという意図もあるのだろう。

マサイ族の若者の間にもケイタイ電話が普及しており、太陽エネルギーから電気をつくる移動簡易装置ができており、サヴァンナの片隅でも充電は可能なようだ。

マサイのマニヤッタに電化生活は考えられないが、一度文明の快楽を知った人類は果てしなく消費の欲望の虜《とりこ》となってゆく。マサイの伝統と矜持が消滅しないことを祈るばかりだ。

ケニアの温泉、露天風呂にゆく

ある時、サミーに「温泉にゆこう」と誘われた。

ケニアに温泉？——一瞬わが耳を疑ったが、二つ返事で「ワンダフル！」と答えた。赤道直下の太陽とサヴァンナの埃で体は汗まみれ埃まみれだ。そんな時、露天風呂とは降って湧いた夢のような話だった。

場所はナイロビから南西へ約一〇〇キロのマガディ湖。その湖の畔に天然の温泉が湧き出ているという。

マサイランドと呼ばれるその地域は遊牧民のマサイ族しか住んでいない。彼らはパスポートなどもたずケニアとタンザニアの両国を行ったり来たりしており、赤茶けた大地は農耕など不可能で彼らはここで冬を越すのである。

道中ではキリンの群れ、クドゥー（大鹿）、ウィーヴァーバード（機織り鳥）など野生動物が多く住み、自然保護区ではないのに野生動物たちはひんぱんに見られた。

「たしかこの辺りだったが」

サミーが指さす湖辺は一瞬、一面の雪景色か、と思えた。

地図ではマガジ湖は青色に塗られているが、実際はソルトレイク（塩湖）だったのだ。

しかし、本命の露天風呂はなかなか見つからない。

日が傾きはじめると、急に大気は冷えはじめた。

「川が流れていたはずなんだが」

サミーの声のトーンが落ちてくる。

その年の雨季の長さにより、川の流れは移動するのだ。

「マサイにきいて案内させよう」

と、サミーはクルマから降りていった。

乾いた低い灌木の疎林の中に牛の群れがいる。ならば必ずマサイの男がいるはずだ。槍を持って見張りをしているのはモランと呼ばれる若い戦士だ。

サミーがサヴァンナの草原に入り牛群に近づくと、やはり二人の槍をもったマサイがどこからともなく立ち現れた。

サミーがいくらかのシリングを渡して説得した。

サファリカーの車内はいきなり複雑な人間模様となった。すっかり都会人と化しているカンバ族のサミー、日本人の私と写真家の生井さん、そして真紅な衣を纏い、槍を持ったマサイの長老と若者。まるで映画のロケがはじまったようなシチュエーションだ。しかも、言葉は互いにほとんど通じない。

やがて長老が何言かいった。

「ア・レ・ノ・コ・ト・カ」

長老の指差す湖畔を見れば、彼方の砂州に蒸気のような湯気がふんわりと立ち昇っている。サミーがアクセルを踏んで近づくと、湖に注ぐ淡水の川のあちこちの窪地が湯壷になっていた。確かに天然の露天風呂だ。川辺にいくつかある湯壷は三メートル四方、深さは一・五メートルほど。裸になって湯に浸かると、足元からポカリ、ポカリと源泉が湧きて出てくる。泉質は少々しょっぱいもののなかなか滑らかで四〇度くらいで適温だった。

周りは、荒野のサヴァンナ。フラミンゴの群れが水辺を彩り、ペリカンが大空に「く」の字を描いて旋回している。

「イイ湯だナ、イイ湯だナ……」

突然、生井さんが歌いだした。

私も声を合わせて合唱した。サミーは手拍子を打って応える。

そんな光景をマサイ族の二人が不思議そうに眺めている。「みんなで浸からないか?」。

ジェスチャーで誘ってみたが、彼らはノーだ。マサイには風呂に入るという習慣はない。愉快な温泉行脚となった。しかし、サヴァンナの直中で素裸で風呂に入り、日本のノーテンキな歌謡曲を黒人と合唱するような奇妙な出来事がこの世にあっていいのだろうか？夕日は今、湖面を真っ赤に染めて沈みはじめた。壮大なアフリカの夕焼けである。

実はこれには後日談があった。

私たちが湯船でいい気分になっていた頃、ナイロビでは捜索願いが出されていたのだ。クルマを貸出したツアー会社が私たちの帰りが遅いので、心配して警察に連絡し、捜索隊が準備されていた。

日が暮れると、ナイロビ近郊では強盗団による観光客の襲撃が頻発している。もう少し、私たちの帰りが遅ければ、警察が出動するところだった。

サヴァンナで怖いものはライオンよりも人間だったのだ。

サミーがいなくなった日

サミーは毎年律儀にクリスマスにカードを贈ってくれていた。

「来年は来いよ。今はジャカランダが咲いている！」

など、簡単なメッセージが英文で書かれてあった。

ある時、帰国する間際、サミーの靴がほころんでいた。私は新しいウォーキングシューズを買っていったばかりだったので、空港で靴を交換してあげたことがあった。

次の機会に再会すると、

「この日本製のシューズ、とってもいいよ、頑丈だ」

と私のプレゼントした靴を気に入って、もう三年も履いていた。なんだか身内のような気分になり、

「俺たち足の兄弟だな」

などと冗談を言って笑い合った。

その後、しばらくしてクリスマスカードが届かなくなった。

私は心配になり、久しぶりにナイロビを訪れ、サミーが契約しているツアー会社を尋ねた。その時スタッフの一人から「サミーは行方不明だ」と聞かされた。

サミーはフリーのサファリガイドで、ツアー会社と契約しており、私がナイロビに行くとき、その会社を通して契約していたのである。

彼はその後独立し、自分でサファリツアー会社を立ち上げたという。さもありなん、彼ほどの能力があれば、お客もついてくるはずだ。ギャラをもらう契約社員よりも自分自身で稼いだ方が収入もあがるだろう。

ところがサファリで客を案内中、自動車事故を起こし、訴えられたまま遁走し行方不明になった、ということだった。彼の立ち上げた事務所の住所をきき、訪ねたがもはやもぬけの空で、周辺の人たちも誰一人サミーの行方は知らなかった。

——さては、ハメられたか？

と、思った。

ケニアでは黒人が単独で事業を起こすのは難しいといわれている。周辺の同業者が邪魔をするのだ。とくにツアー会社は白人系かアラブ人系、もしくは外国に本社がある直営の支店で、黒人事業主は極めて少ない。顧客は私のようにアフリカ通いをするものが多いから、彼らは顧客を取られまいと、営業妨害を企てることもあるようだ。

サミーの評価はとりわけ運転能力だった。私はこれまでの経験でサミーの運転技術の有能さはよく知っている。サヴァンナの湿地では多くのクルマはスタックして別のクルマに応援を頼むが、サミーは道の細部や地質を熟知しており、人のクルマを助けたことはあるが、自ら運転するクルマでの事故などは一度もなかった。クルマを愛し、いつも手入れ、清掃は怠りなく、私たちが遠征途中でカフェに立ち寄った時など誘っても決して同行せず、ひとり黙々とクルマのエンジンをチェックしていた。

そんな男がサヴァンナで事故を起こすことなど考えられない。誰かがクルマに細工して事故を起こさせたか、わざと怪我をして賠償責任を負わせたのか、謎は深まるばかりだ。

サミーのいないケニアの旅は興趣をそがれてしまった。

サミーは私と写真家の生井さんにとって、何よりも得難い「お宝」だったのだ。

しかも「もう一度、ケニアへ行こう」と約束していた生井さんは、望み果たせず突然の病魔に犯され他界してしまった。

以来、私の「サヴァンナ詣で」は途絶えたままである。

ナイロビ近郊、マガディ湖畔の天然露天風呂で

バオバブの巨木。ケニア、タンザニアの荒地で見られる

2 モロッコ

砂漠の誘惑、アザーンの響き

時の過ぎゆくままに、カサブランカ

モロッコの現代史を紐解くと、一九〇五年、一九一一年、フランスとドイツが二度衝突したモロッコ事件、一九四三年、第二次世界大戦の戦後処理を連合軍のチャーチルとルーズベルトが話し合ったカサブランカ会談、一九五五年、フランスから独立し、ムハンマド五世によるモロッコ王国の成立などという事件が出てくるが、それよりも私たちにとっては映画『カサブランカ』や『望郷（ペペル・モコ）』、『モロッコ』によって、マグレブ（モロッコ、チュニジア、アルジェリアの北アフリカ西海岸地方）の異郷の気分を仕入れてきたように思う。

ハンフリー・ボガード、ジャン・ギャバン、ゲーリー・クーパーといった往時の人気を極めた俳優らが主演し、今ＤＶＤで見直してもなかなか観応えがある。そこには荒涼とした砂漠や謎めいたメディナ（旧市街）の暗窟を背景に、外人部隊の切ない心情やもはやパリには帰れないはぐれ者たちの望郷の念があり、成熟した大人の美学を感じさせてくれるからだ。

映画『カサブランカ』はかつてレジスタンス運動で活動したアメリカ人のリック・ブレ

イン（ハンフリー・ボガード）が主人公で、今は異郷のカサブランカでバー＆カジノを経営している。そこへ偶然イルザ（イングリット・バーグマン）が姿を現す。ふたりはかつて恋人同志だったが、イルザはすでに結婚しており、夫はやはりナチに追われるレジスタンスの指導者でアメリカへの亡命のためこの街へ来た。

懐かしいパリの香りをたきしめたイルザ、一方俗世にまみれて今は夜の世界を仕切るリック、再会した二人はふたたび愛に燃えるが、戦時下の事情はそれを許さない。リックは迫りくるナチの追手を射殺し、二人をリスボンへ逃してやる。

夫ひとりを逃亡させ、イルザをカサブランカに残す方法もあった。イルザもそれを望んでいたのかもしれない。しかし、リックはもはや昔のリックではない。イルザを幸福にするのはおのれが身を引くべきだろうと判断した結果でのことだった。空港での二人の永遠の別れ、そこににじみ出る男の優しさと哀愁。余韻が滲み出るモノクローム、スタンダードサイズの映像は今見直すと、改めて人生の奥深さを教えてくれる。

映画『カサブランカ』は実は現地ロケではなく、ハリウッドのスタジオセットで撮影された。そこにはモロッコの街のリアリティーはない。アメリカ人たちがエキゾチックな異郷として描いたイメージや、あるいはフランス人たちのかつての保護国に対する郷愁や思い入れから映画は作られている。つまりモロッコは西欧イズムのフィルターを通してしか、今まで語られてこなかったと言えるかもしれない。

理屈はおいてちょっと映画『カサブランカ』を仮想体験してみようか。

まずは港近くの「リックス・カフェ」へ。映画カサブランカをイメージしたレストラン&バーで、黒塗りのインテリアで統一したシックな雰囲気のなかにハンフリー・ボガード、イングリット・バーグマンのスティール写真が飾ってある。天井は筒抜けのドームになっており、暮れ行く空が見通せ、シャンデリアが照らすホールはいかにも植民地時代の甘い郷愁がよみがえる。

食前酒にミントの葉が一枚浮かぶチェリーブランディで乾いた喉を潤す。ピアノの奏でる五〇年代のスタンダードジャズを聴いていると、ふと金髪の美女がどこからか現れるようだ。

一杯のあとはメディナ(旧市街)の散歩をしよう。モハメッド四世広場はメディナの入口ともなっていて、ここから蜂の巣のように煩雑な隘路が縦横無尽に走っている。人いきれ、香辛料の匂い、羊肉を炙《あぶ》る煙りが入り交じり、あたかもアラブの魔屈のようである。その熱気と混沌の中に人々は千年変わることなく暮らしている。

スーク（市場）の賑わい

カサブランカの街はアラブ人の素顔とかつて支配国だったフランス人の憧憬が入混じる。最初メディナに入った人は、その混沌世界に戸惑い、半分気後れ、半分好奇心といった不思議な感覚を抱くに違いない。衣装や食器、香辛料や銅製品、皮細工や雑貨、絨毯など売る店がぎっしり並ぶスーク（市場）では、「シノワ（中国人）！」とか「サムライ！」など東洋人を珍しがってか、盛んにからかいの声がかかってくる。

しばしば映画の中で老獪なアラブ人が徘徊《はいかい》するのがこのメディアの迷路のなかである。しかし、現代のメディナには水パイプを吸いながらひそひそと商談する謎めいたアラブの老人などいないし、厚化粧で媚《こび》を売る女性など決していない。それらはハリウッドで作られた映画の中だけのことだ。

ここでは珍しがってやたら商品を触ったり、無断で人の顔を撮影したり、小物を買うのに大金を見せないことだ。メディナは基本的には安全で、ぶらりとショッピングを楽しむにはいいが、かようなところには必ず小賢しい連中がたむろする。彼らに付け込む隙を与えないのがルールである。

ついでにメディナ、スーク、カスバの用語をここで説明しておこう。

メディナは旧市街の意味で、外国列強が植民地化して整備した新市街以前のアラビア人の居住地域のことだ。スークは市場のことで、その多くはメディアの中にある。カスバは城塞のことで、かつて外敵との戦いに備え近郊の高台に築いたもの。大規模なカスバには教会もあり、居住区もあったが、今はほとんど人は住まず単なる古城となっている。ちなみにかつての流行歌『カスバの女』は作詞家の大高ひさをがアルジェのカスバを想像して作った、といわれている。

散歩の後はアル・アンクへ行こう。アル・アンクは海岸に近い古い地区名で、一七世紀まではこの地区が街の中心だった。カサブランカ（「白い家」の意味）という街の名はここにはじめて城塞を築いたポルトガル人が見た風景から生まれた。ここに〝白壁の家〟が建ち並んでいたからだ。今は静かな高級住宅地区となっている。

レストランに入ってみよう。このあたりロートケーション、美味、伝統と三拍子揃った高級レストランが点在している。大西洋の潮風を受けて立つ灯台を見ながらのディナーは一興だ。

店に入ると、バケットの香ばしい匂いが漂い、純白のテーブルクロスにローソクの炎が優しい。正装に身を包んだギャルソンがサービスしており、「ボンソワール、ムッシュ」「ボナペティ」などと小声で囁くようなフランス語が流れてくる。

ここでのおすすめメニューはオマール（海老）、ヒラメ、カレイ、スズキなどの新鮮な魚介類だ。ハリラ、タジン、クスクスなどの郷土料理に比べれば、やはりフランス料理は繊細で優雅で別格である。ワインはモロッコ国産の「ドメーヌ・ウレド・タレブ」なる白の辛口。「国際級です」とソムリエが胸をはる逸物である。イスラム国は禁酒なのに、国産ワインがあるの？　などと野暮なことはきかない。

灯台のほのかな明りとピアノの奏でる『アズ・タイム・ゴーズ・バイ（時の流れゆくまま）』

（映画の主題歌）を聞きながらワイングラスを傾ける。

そして旅人は、

——君の瞳に乾杯！

と、リックの科白《せりふ》を誰かに囁《ささや》いてみたくなるのである。

フェズ・エル・バリを歩く

カサブランカがモロッコの東京とすれば、フェズは京都である。九世紀初頭、イドリス朝が開かれて以来、フェズはアラブ学問の中心となり、カラウィーイーン大学が創立され、文化、科学は隆盛を誇った。カラウィーイーン大学の創設は八五九年で世界最古の大学として知られる。

中世のアラビア学問は驚愕すべきである。ギリシャ、ローマ、ペルシャの文化を吸収、発展させ、当時イスラム科学は時代の先端を走っていた。とりわけ医学、天文学、数学などに優れ、私たちが今日使う1、2、3の洋数字、アルコール、ガーゼ、アルカリなどの医学用語、ベガ、アルタイル、デネブなどの星座名、モンスーン（季節風）、アドミラル（提督）などの言葉はアラビア語からきている。

アラビア学問は近代科学へとつなぐ大きな役割を果たし、ヨーロッパからの留学生も抱えていた。一四世紀には歴史家イブン・ハルドゥーン、世界的な旅行家イブン・バットゥータを世に出して全盛期を迎え、多くのメデルサ（神学校）がつくられた。

フェズの名門ホテル、パレ・ジャメイに滞在していた。

ホテルは一九世紀に建てられた歴史的建造物を改修したもので、もとはスルタンのムーレ・ハッサンの下で活躍した政府高官の屋敷だったという。部屋には天蓋つきのベッドが置かれ、モザイク模様の壁や見事な彫刻の施された調度品、足元にはペルシャ絨毯が敷きつめられ、豪族の館そのものの雰囲気で、屋外には美しい広い庭園もある。

部屋のテラスからの景色が素晴らしい。

眼下にモスクや通用門などを抱いた、ひしめく旧市街が広がり、砂漠の熱気が沸き上がるように伝わってくる。夜には三日月とさんざめく星々の下にメディナが幻のように浮かぶ。まるで『千夜一夜物語』の世界だ。

フェズ・エル・バリと呼ばれるフェズのメディナ（旧市街）はモロッコ一の規模と歴史を誇っている。迷路のような複雑な路地はガイドがいなければふたたび元へ戻ることができないといわれ、正門入口のブー・ジュルード門周辺にはガイドが数人客待ちしている。

エリマヒ・アブドゥラーという名のガイドを雇った。長身で口元と顎に髭を蓄え、肩から足元までの長いジェラバ（民族衣装）を着たエリマヒは一見すると年長者に思えるが、実際の年齢は三〇歳そこそこで、首都ラバトの法律大学に進学するため、今は外人観光客相手の通訳ガイドをしながら入学資金を貯めているという。はじめは素性の知れない無口な男という印象だったが、馴染んでくると真面目で、敬虔な回教徒だということが分かってきた。

フェズのメディナは確かに複雑だった。ミントの小枝がうず高く積まれる八百屋、貴金属や陶器、皮製品など売る雑貨市場が連なり、路傍では大工職人やなめ皮職人らが黙々と作業をしている。石段を敷きつめた道を進むほどに谷や丘が現れる。そこにはカフェや回教寺院が点在し、ジェラバを着た男たちが茶屋でミントティーをすすっていたり、カフタを着た女性らがモスクの脇の広場で談笑している。その傍らを杖を片手にもった子供らに追われるロバが重い荷物を背にノロノロと歩いている。ここは中世がそのまま息づく生きた文化遺産そのものなのであった。

メディナ探索が終わった夕方、エリマヒにガイド料を渡し、「シュクラン」（ありがとう）と礼を言った。その際、

「今日はぼくの友達の誕生日で呼ばれている。よかったら一緒に来るかい？」

と誘われ、私は喜んで同意した。

エリマヒの友人の家は雑踏のメディナの中ほどにあった。狭い路地を縫って行くと、壁に低い木戸の裏門があり、かがんで入った。エリマヒの友人は白い開襟シャツにスーツという清潔な服装で迎えてくれた。

一歩、民家の中に入ると、驚いてしまった。そこは広々したパティオ（中庭）があり、ナツメヤシが聳《そび》え、その葉影から星々が瞬いていた。表通りの雑踏は一体何だったのだろうか。静寂が周囲を包み込み、まるで離宮のようである。狭い迷路のようなメディナの喧騒のただなかにこうした隠された空間があることなど想像もつかない。

小さな噴水のある池の端に大きな大理石のテーブルがあり、その周りに籐の椅子が置かれてあった。

母親が現れ、エリマヒが私を紹介し、訪問の意図を伝えた。母親は恭しく挨拶をして、

「ちょうど息子の誕生日だから、ご一緒にどうぞ」

と、見知らぬ東洋の客を歓待してくれた。

クスクス、タジン、カバブなど郷土料理のご馳走を母親がテーブルに運んでくる。クスクスはディラム小麦の粗びき粉に水をかけて粒状にしたもので、それを蒸した上に野菜や羊肉の入ったスープをかけたもの。タジンは円錐形の土鍋に野菜や鶏肉を置いて蒸しあげたものだ。カバブはご存知、羊肉の串焼きだ。いずれもモロッコならではの郷土料理である。イスラム世界なので残念ながら酒はなく、ペットボトルの水を飲みながら手で食べる。母親が気を利かせてフォークとナイフを出してくれたが、私は皆に習い手づかみで挑戦した。ここで注意せねばならないのは、食事は必ず右手でなければならない。アラブ世界では左手は不浄で排便時などに使う手だからだ。

星を見ながらの宴会は言葉が互いに分からなくとも笑い声が絶えない。客は数人、男ば

かりであった。

貧困というメディナのイメージはここで一変してしまった。表通りは物売りや喜捨《きしゃ》乞いの渦巻く迷路だが、その裏側には健全で潤沢な市民の暮らしが息づいている。

「ムシャイム（友人の名）は金持ちなのか？」

そっとエリマヒにきくと、

「いや、町役場に勤める役人だよ」

ムシャイムはフツーの公務員らしい。はたしてメディナという貧民窟のイメージは、やはりハリウッド映画が作ったものだったのか？

不思議の国・モロッコの謎は深まるばかりであった。

メディナのなかの銭湯でくつろぐ

「ハマンマへゆこう」

「ハマンマって?」

「公衆浴場だよ。気分がいいよ」

仲間たちと談話するなかで、皆でハマンマ（公衆浴場）へゆくはめになってしまった。モロッコでは公衆浴場はどこでもあり、エリマヒによれば、「公衆浴場はイスラム文化のひとつで、ローマの伝統がこの地で受け継がれている」という。

狭い怪しげな小路にはまだ人通りは残っている。そんな雑踏の中に銭湯がある、なんてとても信じられない。

ぶらぶら連れだってゆくと、

「ほら、ここだよ」

と、示された建物は普通の二階建ての民家で、看板もネオンサインもない。中に入ると、玄関口にはロッカーが並び、どこか小さなスポーツジムのような雰囲気だった。

ジェラバを着た白髭の年老いた番台に入浴料を払い、ロッカーに服を入れて素裸になると、皆が笑った。ここでは日本の銭湯のように素裸にはならず、下着は脱がないのがマナーだった。

広い浴室に入るとムアッと蒸気が漂った。そこではすでに男たちが大の字になって寝転んでいる。その目つきは〝妖しい東洋人〟が突然入ってきた、という警戒心からはほど遠く、どこか魂が抜けて、虚脱しており、瞳には穏やかな微睡《まどろみ》の気配すら漂っている。

およそ三メートル四方ほどの浴槽は浅く、ここでは湯舟には浸からず、タッサという大きな洗面器に蛇口から湯を汲み、体にかけて流すだけだ。その時立ち昇る蒸気がムアッと密閉した浴室に充満する。

エリマヒがパンパンと両手を打った。するとどこからともなくタッサをもった男が現れた。坊主頭にブツブツとした無精髭、どこかオカマのような風情で、ニコッと笑う。タッサにはメフカ（軽石）、サボンベルデ（石鹸）が入っている。

要は三助なのであった。

男はメフカを垢《あか》摺り袋（黒い化繊靴下のようなもの）に入れると、上から石鹸を塗りたくり、用意ができたと目配せをした。

浴槽の縁に大の字になって寝そべる。男は慣れた手つきで体を磨きはじめた。

みるみるうちに肌は磨かれて真っ赤に変色し、垢が浮かんできた。はじめはうつぶせで首、背中、脚、足の裏、足の指。さらに仰向きになり胸、腹、腿、手、指。男の手はまるで、掌と指先だけが独立した魔法の生き物のようである。とりわけ足指の間、腿の裏を磨かれる時など痛こそばゆい、というか、へんな虐待感と甘美さとが同居しており、官能的ですらあって、思わず「ウッウ～」と声が出てしまった。

さらに小一時間のマッサージが続いた。客はここで蒸気と快感にさらに酔いながら、完全に魂を奪われる。

入場した時、男たちが寝そべり、恍惚とした顔になっていたのは、このマッサージの後のことだったのだ。古来温泉はモスクと並び、〝聖地（アジール）〟とされており、平和の象徴空間であり、戦争時に敵対する部族も温泉では剣を収めて仲良く入浴していたといわれる。モロッコでは今も犯罪者をアジールでは逮捕できない。

イスラム文化がこの時少しばかり理解できた。厳しい戒律や男女差別、禁酒など一見、世界の常識から逸脱しているように思えるが、それはひょっとしたら私たちの偏見かも知れない。この銭湯で身体を磨かれれば、砂漠の中を一週間さまよっても当分風呂は必要ない。これこそ水が得難い国の生活の知恵なのだ。この心地良い疲れと脱力感は、スポーツ後の健全な開放感にも似ていて、決して夜毎の飲酒などからは得られないものだ。

アッラーへの祈りは一種のメディテーション（瞑想）ともいえる。一日五回の夜明け、正午、日没、就寝前といった節目ごとの祈りは神との対話であり、ひととき日常の雑事から離れ、無我の境地に浸ることは精神的な解放でもある。無味乾燥な風景の中で潤いのある心の活力を確認し、自分自身の精神生活を取り戻す。これはストレスの多い都市生活者にとって有効な手段だろう。

とかくひんしゅくをかう「アラブ方式のトイレ」だが、水で洗浄するのは現代の先端をゆくウォシュレット方式と原理は同じではないか。ヨーロッパでも早くから水洗いの〝ビデ方式〟を採用している。

さらに年に一度のラマダーン（断食月）は、今流行りのダイエットととても似ている。この期間、人々は日中の食を断ち、普段の食生活の贅沢を反省する。朝から日没までは水もタバコも禁止だが、日が沈むと日常の食事がはじまる。ラマダーン開けはお祭りだ。一時の禁欲月が平時の食の歓びを確かなものにし、神への感謝を忘れないでいる。

フェズの夜は砂漠の底冷えがはじまっていた。銭湯を出ると、もはやメディナの小路に人影は失せ、巨大な月と星屑が闇夜を照らし、家路につく男たちの姿が長い影を落としていた。

マラケシュの大道芸

マラケシュは大アトラス山脈の北麓。サハラ砂漠の西方にあり、乾いた大平原のただなかに造営された歴史都市だ。一一世紀、ムラービト王朝からはじまり中世にはかずかずの王朝が栄華の歴史を刻んだ。

カサブランカからマラケシュまではモロッコ国鉄がある。私は鉄道でマラケシュまで行った。鉄道では普段見られない農村の様子が垣間見られた。ひまわり畑、オリーブ畑、小麦畑……車窓からはそんなのどかな風景が流れ、列車はほぼ直線に南下し、所要三時間くらいでマラケシュに着く。

時は五月、灼熱の太陽が地平線に沈みかけると同時にほどよい冷気がしのび寄る。北アフリカの熱砂の街では昼と夜の温度差が三〇℃を越えるのは日常のことだ。

マラケシュの街の中心、ジャマ・エル・フナ広場はモロッコ中の大道芸人たちが集まる名所、いわば野外大衆演舞場として知られている。芸人たちのなかにはジブラルタル海峡を越えてここへ集まるジプシーたちもいる。観光客は近隣のフランス人、スペイン人、ポルトガル人が多く、真紅の民族衣装に身をかためた名物の水売りの男がしつこく彼らの間を売り歩いている、
広場を見下ろし、回教寺院のクトゥビア塔を眺めるアラビアンカフェ（茶屋）の二階にいた。

マラケシュのガイドのハッサムが手際よくミントティーを作ってくれる。ミントの枝から葉だけを取り、砂糖を入れ、ポットの湯を注ぐ。高いところから注ぐと香りが出るので、彼らは七〇～八〇センチの高さから見事にカップに注ぎ入れる。まるでショーを観るようだ。アラブ人は酒を飲まないからミントティーがその代わりのようである。

広場ではすでにアトラクションがはじまっていた。

口から炎を吹くお馴染みのガソリン男、コブラやニシキヘビを扱うヘビ男、民族衣装に身を包んだ女性たちのダンス、ここでは各地方から芸人たちが集まり、自らの芸を披露して、客からの祝儀で生計を立てている。

一番人気はアクロバットだ。一族郎党総出演という感じで、筋肉隆々の男たち、そして軽業師のような子供たち、彼らの演じるスリリングなアクロバット（全員で巨大な三角形をつくる）に観客からさかんな拍手が起き、祝儀のディラハム札が宙に舞う。

「実は、ここは昔は〝死の広場〟って、呼ばれていたんだ。囚人たちがここで大衆に晒され、石投げなどの死刑に処された」

ハッサムが言った。しかし、広場の賑わいはそんな暗い歴史は感じさせない。

突然、広場に面した回教寺院からマイク音が風に乗って響き渡った。読経のような低い旋律のある声は砂漠の空にゆらゆら立ち上ぼって消え入る煙りのようでもあった。

「アザーンだ。『みんな教会に集まってアッラーの神に祈れ！』っていう呼びかけさ」

イスラム教徒は一日の節目にメッカの方角に向かって祈る。朝と夕暮れは特別でムアディン（呼びかけ人）の声を聞いて皆が教会へ集まる。

「君は、行かないのか？」

「もちろん祈りはする。でも今はビジネス中だからアッラーの神は許してくれる」

以前、イスラムの国を旅した時、祈りの時刻となると運転手はクルマを止め、道端に毛布をしいてしばし祈りをしていたことがあった。モロッコではコーランの規律は緩いのだろうか？

ただモロッコに限らず、イスラムの国々で面食らうのが喜捨（サダカ）である。

モロッコでも子供達ばかりでなく老人も手を差し伸べて喜捨を求めてくる。

コーランでは喜捨は義務とされている。イスラム教では裕福な者が貧しいものに施しを与えるのは極めて普通のことなのだ。眺めていると、観光の外国人よりも市井の人々の方が多く子供らに喜捨しているように思える。

回教寺院や病院、学校なども富裕層のアラブ人の喜捨で建てられている（ワクフという寄進制度がある）。喜捨すればするほど神様は喜んでくれる。彼らは神に喜捨をしているのだろう。ただ日本人はこうした習慣に慣れていないので、喜捨を求める相手を蔑《さげず》んだり、煩《わずら》わしく思ってしまう。

福祉、慈善、喜捨という考え方はキリスト教にも通じており、カトリック、プロテスタントを問わない。以前、ダブリンに行った時、身なり正しい男（おそらくアーティスト）が堂々と物乞いをしているさまを見て驚いたことがあった。アメリカのプロテスタントの大富豪、カーネギーやロックフェラーは劇場、博物館、病院などの社会福祉のために莫大な資産を使っている。キリスト教者にとっては社会福祉が人生の生涯目的となる場合も多いのだ。

私たち日本人にはかような倫理観は乏しく、施しをするのは家族、親戚の子供、雇人など身の回りの者たちに限られている。施しを義務とする感覚は個人もましてや企業ももっていない（節税のため寄付金を利用する企業はあるが）。残念なことに日本人には利己主義者は多いが、利他主義の観念はあまりない。おそらく長い歴史の間、国民のほとんどが貧乏で競争意識のなかで育ったからだろう。

ローマに入れば、ローマに従え――ではないが、子供らに一ディラハムほどあげれば、きっと周囲の笑顔が得られるだろう（モロッコでは一ディラハムあればパンが買える）。

こちらには外国を旅する余裕があるのだから、この間だけでも小さな施しの心をもっていたい。

大道芸が終わると、広場は壮大なバザール（屋台村）に変じていた。

砂漠の乾燥と底冷え、メディナの混沌の中に夕暮れのアザーンの声の響きは清々しくもあった。

リスボンの「カサ・ド・ファド」でファドのライブを聴く

3 ポルトガル

サウダーデ、失われたものへの哀歌

海のポルトガル

「われわれポルトガル人はスペインとではなく、ずっと昔から海と会話している」

運転手兼ガイドのジョルジュ・パイヴァの名言である。

エンリケ航海王子以来、ポルトガルは大西洋の彼方をめざし、その成果としてバスコ・ダ・ガマはインド洋航路を発見した。後年アダム・スミスをして〝世紀の発見〟と言わせしめた。

一六世紀、ポルトガル人はついに東洋の果ての島にたどり着き日本人と交わった。彼らの運んできた鉄砲は、戦国の世に伝わり織田信長が天下を統一した——。ポルトガル人との出会いが日本の国際化の最初の一歩であった。歴史は漂着という偶然からはじまっている。

——この先に陸はなく、海がはじまる。

詩人で国民的英雄のカモンイスも西の果てのロカ岬で海を称えた。四〇〇年経って、今度は日本人の作家がポルトガルへとやってきた。

——落日を拾ひに行かむ海の果

大西洋に面した浜に檀一雄の句碑が建っている。漂泊の作家・檀一雄は一九七〇年ポルトガルに渡り、リスボン近郊の名もない漁村・サンタクルスに一年半暮らした。いずれも海の話である。ポルトガルは古来海ありきであった。

ポルトガルが辺境の国であるか、どうかは疑問だが、海のポルトガルは知られているが、山のポルトガルは、といえば訪れる人も少なく情報はほとんどない。

私たちはその知られざる〝山のポルトガル〟をめざしていた。

ポルトの港を発ち、ドウロ川に沿って山岳地帯へ向かい、スペイン国境から南下し、テージョ川に沿ってリスボンへ下る。ポルトガルを半周しよう、というわけである。

ガイドのジョルジュはポルト生まれ、大航海時代の紅毛南蛮人もかくありなん、と思わせる恰幅のよい体軀。日に焼けた顔、赤銅色の肌の逞しい男である。通常、ガイド・通訳は生真面目で謙虚な人が多いが、ジョルジュは一風変わった陽気な性格の持ち主で屈託がない。運転も手慣れたもので、二人の奇妙なポルトガルの山旅がはじまった。

ポルトはリスボンに次ぐポルトガル第二の港湾都市だ。その海からいよいよ離れてゆく。

「スペイン国境へと向かっているが、時には遠い親戚に会いたくなることもあるかい？」

冗談まじりにジョルジュに言ってみた。ポルトガルは現スペインの元となるレオン・カスティーリャ王国から独立分離した国である。スペインとは親戚のようなものだ。そのスペインはドウロ川の上流である。

「馬鹿な。オカマ野郎のスパニッシュなどに会いたくはないさ。リスボンは有名だが、わが国発祥の地はポルトなんだぜ」

ポルトガルの国を起こしたアルフォンソ・エンリケス王の出身はポルト北部のギマランイスだ。ポルトガルの国名もポルトゥカーレ伯領（現在のポルト周辺）から起っている。かのエンリケ航海王子もポルトの地で育っている。

「ここはポルトガルの黄金地帯という異名もあるくらいだ」

ジョルジュが誇らしげに言う。

ドウロ川、DOURO のde ouroはポルトガル語で黄金の意味だ。

では、その黄金とは一体何だろうか?

黄金のポルトワイン

著名なフランスの食味評論家、アンドレ・L・シモンは、

——ヨーロッパにおいて、大国のランクにこそ入れられていないが、ワインに関していえば、マデイラ島を含めると四大ワイン生産国の一つにあげられる。

と、ポルトガルのワイン事情を語っている。

ポルトガルの黄金とはポルトワインであった。

ドウロ川一帯はポルトワインとなるブドウの主産地であるため、ポルトガルの〝黄金の

指輪〟と呼ばれる。そういえば、ポルトガルの漢字国名は「葡萄牙」である。ポルトワインの葡萄が当てられたのだろう。

ポルトワインの占める輸出シェアは大きく、国の基幹産業の一つにもなっている。ここドウロ川流域はブドウ畑が延々二〇〇キロにも及び、世界に名だたるワイン生産地だ。

世界で一番ワインを多く飲む国はアメリカ合衆国だが、国民一人当たりにすればポルトガルである。ポルトガル人は一人当たり年間六二リットル消費しており、ボトルにすれば八三本飲んでいることになる。女性や老人、子供も含めての数だから、成人男性に限ればその三倍はゆくだろう。日本人は一人当たりにすれば、わずかに三・二リットルだからとてもポルトガル人には及ばない。

「日本には昔、アカダマ・ポートワインってのがあってね。甘くて滋養に富むというので体の弱い老人や子供が飲んだんだ」

さりげなく話すと、ジョルジュは、

「アカダマ？　それはニセモノさ。一八世紀以来、ポルトワインの名はこの地方のもの以外は使えないことになっている。世界で最初の原産地呼称法で決まっているのだ」

と、言い返した。

ポルトワインの歴史は以下のようだ。

一六世紀の半ば、ポルトガルの漁船がイギリス沿岸にタラをとりに出かけていた。ポルトガル船が沖で停泊中のこと、イギリスの漁師との間に物々交換が行われ、イギリスの綿製品、羊毛の代わりにオリーブオイルや赤ワインを提供した。その際、海上でのワインの過剰発酵を止めるため少量のブランディーを添加したのがポルトワインの起源だった。飲んべえのイギリス漁師らは強化ワインに夢中になった。

その後、イギリスは百年戦争でボルドーの地を失くしたため、フランスからのワインが途絶え、そのためポルトワインの需要は急速に伸びた。やがてドウロ河畔以外のワイン業者が、ポルトワインと称して他の生産地のワインを売るようになったため、時の首相のマルケス・デ・ポンバルが一七五六年に法律で禁じた。

ポルトワインは以後、品質を守り、高級ワインとして世に知られるところとなる。

ポウサーダの朝

野鳥の声で目覚めた。

古めかしいポウサーダの鎧窓を開けると、うっすらと川霧が流れていた。

時計を見ると八時である。しかしこの国ではまだ夜のまどろみが解けていない。

ドウロ川の中流域、ピニョンの町のこと、眼下にドロウ河がゆったりと流れている。

目覚ましの正体はツバメで、ツバメたちは騒がしくポウサーダの屋根裏の巣作りに励んでいた。

霧が晴れると陽射しが眩《まばゆ》い。五月下旬といえどももはや夏の光である。

「ボン・ディア!」

寝ぼけ眼《まなこ》をしばたかせてジョルジュがやっと現れたのは一〇時を回っていた。

明るい陽射しのテラスで朝食をとった。

ポウサーダの庭にはビワ、オリーブ、オレンジがたわわに実っている。桜の木にはサクランボがいっぱいついている。一つとって食べると甘酸っぱくておいしい。スープカップのように大きな器にたっぷりと入った濃いコーヒーが、深い眠りから覚ましてくれた。薄いアメリカンに慣れた舌には濃いコーヒーはヨーロッパの香りがする。

ポウサーダはポルトガル国営の宿泊施設で、かつての古城や修道院をリニュアルして、小粋なホテルに仕立てあげている。施設は各地にあり、レストランを併設しており、居心地がよく、料金もほどほどで旅行者に人気がある。

滞在したポウサーダはかつてのマナーハウス（地主の邸宅）をリニュアルしたもので、一面のブドウ畑の直中にあった。

前夜の夕食が九時からだった。ここでは夏の日没は午後九時である。

ポルトガルの一般のレストランのディナータイムは概ね九時からで、それ以前に客は入らない。夏の陽は長い。勤めが終わる午後六時から夕食がはじまる九時まで、私はこの時間帯を勝手に〝ゴールデンタイム〟と呼んでいる。散歩を楽しんだり、音楽会に行ったり、オープンテラスのカフェでワインを飲んだりと、人々は自由な時間を過ごす。農耕民族で働き好きの日本人には残念ながらこのゴールデンタイムはない。ヨーロッパに来たな、と実感するのが、このたゆたう夕べの時間だ。食事が終わるのが一一時頃。そして食後のポルトワインを楽しむと、すぐに零時をまわってしまう。ポルトガルは宵っ張りで朝寝坊の国である。ここでは日本のようにあくせくしてはいけない。

国道から一般道を東へ入りスペイン国境をめざした。

地図にも名前が出てこない小さな村々が通り過ぎる。

どんな小さな村にも城壁があり、塔があり、教会があった。抜けるような青空、草原、ブドウ畑の緑、透明感のある色彩が流れる。

羊を見張る白髪の男、裏庭で藁《わら》を焼く主婦、頭に荷を載せて歩く黒装束の女、杖を手にして石段に座る老人、電柱に営巣するコウノトリ、そして堂々と道に寝そべる犬たち……。

中世絵画そのもののような穏やかな田舎の風景が窓辺に現れ、そしてまた消えていった。

このあたりは〝アルト・ドウロ〟と呼ばれる標高六〇〇～九〇〇メートルのなだらかな丘陵地帯で一面がブドウの段段畑だ。その間を縫うようにドウロ川が流れる。

各地区に五〇〇のブドウ園があるといわれるが、その一つ、キンタ・デ・ヴェルトロゼを訪ねた。ブドウ園では訪問客を受け入れており、収穫時にはランチと試飲をセットにしている。

オーナーのお嬢さんだろうか、広報担当のマリアさんに話をきいた。

ブドウの収穫は八月末から九月初旬、昔ながらの手摘みによりはじまる。摘むのは女性、籠に入れて運ぶのは男性という決まりがあり、一日一〇時間を超す重労働で、この期間は多くの季節労働者を雇っている。圧搾は今もラガールシュと呼ぶ石桶を使い足で踏む。ロック音楽のリズムにのり皆で足踏みをするのだそうな。ブドウの品種はティンタ・ロリース、ティンタ・バロッカ、トゥリガ・ナショナル、トゥリガ・フランセサの四種でここでは白ブドウ種は栽培していない。ブドウ畑は標高、生産量、品種、畑の傾斜、方角、樹齢などの一二項目によりA～Fまで六段階に格付けされている。川沿いの畑はAランクが多いようだ。

ブドウ畑は日本のように棚はなく、すべて立ち木栽培で木の高さはわずか一メートル足らずだが幹は異様な太さだ。日本の盆栽を思わせ、樹齢は二〇～三〇年という。土地は岩盤、砂礫の片岩質で、フツーの茶色の土は少ない。

「ブドウの実は苦しみながら大きく育つの。普通の果実と違って土壌はよくないし、日照時間も限られている。寒暖の差が大きく、朝は一六℃でも昼は三五℃にもなるわ。霧は川から昇ってくる。寒暖差と霧がいいブドウを作るのよ」

とマリアが解説する。

確かにブドウの実は通常の三～五倍はあろうか。高級食用のシャインマスカットのような大きさだ。この実からつくればさぞや豊饒なワインができるだろう。

マリアは笑顔の美しい人だった。茶髪、碧眼だが、背丈は日本の女性くらいで、何とも親しさを感じるのであった。本名をきくと、

マリア・エレーナ・ヴァシュ・ピントゥ・ゴウベイヤ・サントス。

Maria Herena（自分の名）＋vaz（母名）＋Pinto Gouveia（父名）＋Santos（夫の名）だそうな。なんだか舌を嚙み切ってしまいそうだ。ファーストネームはマリア・エレーナで、普段はマリアとかエレーナとかで呼ばれるようだ。

河畔のロッジで二種のワインを出してくれた。

「一〇年もののルビーと二〇年もののタウニー。試飲してみて」

ルビーは濃紅色で澄んでおり、少し甘みがあるがフルーティーで力強い。タウニーは琥

琥珀色で、甘みはさほどなく、バニラやシナモンのようなスパイシーな香りが漂う。歴史と伝統が口中で弾け、溶けるような重厚な見事な味わいである。

「アカダマとは随分違うなぁ」

感心して言うと、

「アカダマって、それ何？」

マリアさんに聞かれた。

ジョルジュは隣で苦笑いだ。

私は話題を変えようと、オードブルで出された揚げ物を指さし、

「日本ではこれコロッケと呼ぶんだ」

「オー、イッツ、クロケット」

「これはタバコ」

胸ポケットから取り出すと、

「オー、イッツ、セイム、タバコ」

と感動されてしまった。

四〇〇年前にポルトガル人が日本に残していった言葉が今も生きている。カステラ、パン、ビスケット、カルタ、ボタン、テンプラ、ジョーロ、ビロード、シャボン、カッパ、ボーロ……。ポルトガル語をルーツとする日本語は二～三〇〇あるといわれている。南蛮菓子の代表、カステラは長崎の福砂屋が元祖で、一六二四（寛永元年）の創業だ。

遠い国でありながら、ある時代、われわれは時を共有していたのである。

カントリーロードをゆく

ドウロ川上流に向かって車で走っている。

時は初夏。野道には花々が咲き乱れる。赤色のポピー、黄色の野菊、紫の豆科の花、山裾にはエニシダ、ミモザ、山ウド、アザミが彩りを添える。

新緑の葡萄樹が一面に広がり、透明なカッコウの声が川面を渡って涼しさを運ぶ。

野辺は眩しく、美しく、快適なドライブだった。

ドウロ川の源流はスペインのソリア県にあるウルビオン山（標高二〇八〇メートル）で、川はポルトガル国境に沿って南下し、やがて西流して大西洋岸のポルトに至る。全長八九七キロの大河である。

最上流は水面から最大五〇〇メートルもの断崖が聳える峡谷となり、クマタカやナベコウが営巣する。日当たりのいい斜面には牛や羊が放牧され、それを狙うオオカミも生息している。

ポルトガル側のドウロ川には一九八〇年代以来、ダムが次々に作られて観光船の航行が可能となった。かつては大西洋から鮭が溯上し、鱒もいたが、ダム建設以後遡上はない。水面を眺めると、ヴォガと呼ばれるウグイに似た魚がさかんにジャンプしていた。

カステロ・デ・ブランコの町へ下った。

ドウロ川流域の南、ベイラ・バイシャ地区、ここはもはやアレンテージョ地方になる。このあたり古代にはルシタニアと呼ばれケルト民族の地であった。紀元前二世紀にローマが侵入しこの地域はローマの支配になる。その後八世紀にムーア人（ベルベル人、アラブ人などの北アフリカの回教徒）が侵入、支配した。一一世紀にレコンキスタ（国土回復運動）が起こり、テンプル騎士団を招聘し土地を半分提供して城を作った。町の名の〝白い城〟という意味の由来は、当時の騎士団が白い軍服を纏っていたからだともいわれる。

町にはプラッツァ・ベーリア（古い広場）を中心にケルト民族の遺跡、ローマ時代の石橋、ムーア人の残したアズレージョ（タイル模様）が残っている。広場の中央にはペロウリーニョという石柱が立っていた。牛馬を繋いでいたのかと思いきや、

「犯罪人を縛って見世物にしたんだ」

と、ジョルジュが言う。

柱のてっぺんにはコの字型の大きな鉤が突き出ている。

「手首を縛った縄の先をあそこへ結んだ」

なるほど。こんな平和な村にも犯罪があったのか、と意外だったが、おそらくここで処刑もなされたことだろう。映画などでは処刑時に大勢見物人が立ち会っている。異教徒のムーア人や陰謀を企てた貴族がいたかもしれない。平和な村の佇まいと処刑の悲惨さが一瞬入り混じり不思議な心境になった。

すると、どこからか声がかかった。写真を撮っていたから知らぬ間に誰かが映ってしまったかもしれない。謝ろうとしたら予想外でレストラン勧誘の男だった。

昼食時だったので、案内されるままジョルジュと従う。珍しい郷土料理店で、一五世紀の農家の穀物倉庫を改造したものだという。

ポルトガルの食事は楽しい。ほかのヨーロッパの国と比べて違うのはこの国の人々の多くがサカナ好きで、米が主食だからだ。どこのレストランでも「パンか、ライスか」を尋ねられる。ライスは炊飯した白米もあれば、リゾットのような雑炊もある。

この店での猪のシュラスコ（炭火焼き）は特筆すべきであった。

大きなオーブンで長時間かけて肉の塊を焼き、温野菜を添えて皿に小分けして出してくれる。肉塊は三〇〇グラムもあろうか、巨大な塊で柔らかくジューシーで、赤ワインがスイスイと喉を通る。猪肉の臭みはなく脂身がのって野趣味豊か、日本では到底味わえない一品だろう。肉は塊で大胆に頬張らなければおいしくない。日本のように薄切りにすると、肉そのもののもつ豊饒な味わいがなくなってしまう。

ジョルジュが言うには、ポルトガルの田舎では豚がご馳走で、クリスマスの前に豚を屠殺し、肩、腿《もも》、脛《すね》、内臓、心臓すべてを調理して食べ、余りは挽肉にして腸詰めにする。腸詰めは大切な保存食だ。内陸部は牧場がなく牛はいない。猪はスペインから国境を越えて農園へ出没する。カシのドングリを食べているから肉は特別おいしいという。周辺では狩猟が盛んで、猪、ウズラ、ヤマドリ、ウサギなどがジビエで好まれている。

リゾットも素晴らしかった。具はアンコウとエビの海鮮雑炊で、米がおいしい。内陸部でもここはやはり海の国なのである。ポルトガルはヨーロッパで一番米を食べる国で水田もある。ついでに言うと、鯵の干物、イワシの塩焼き、生タコやイカも常食で日本人には嬉しい限りだ。

デザートはライスプディング。米と牛乳と砂糖で作ったもので豊饒な食後のデザートにご機嫌だった。

天空の白い村

スペイン国境の近くマルヴァンで下車した。

マルヴァンは標高八六五メートルの山頂にある城塞都市だ。〝天空の白い村〟として昨今人気のところである。ここはスペインからローマへと通じるローマ街道という中世の道の要衝であり、一三世紀には砦が築かれていた。

今は人口三〇〇〇人ほどの小さな村。迷路のような石畳の路地をゆくと、両側にはびっしりと民家が軒を連ねる。白壁、オレンジの屋根——まるでおとぎの国のようだ。ここでは昔ながらの暮らしがあり、屋上で洗濯物を干す女性や黒いローブを着て竹籠をさげて歩く女性の姿があり、静寂の中で聞こえるのは鳥の声だけである。

ふと見ると日本では見かけない鳥で、嘴《くちばし》が黄色、胴体が黒。おとぎの国から舞い降りてきたかと思った。

ジョルジュにきけばメルロといい、英名はブラックバードだという。ツグミほどの大きさでこの地方ではどこでも見かける留鳥らしい。見慣れぬ鳥にふと異国にいる実感がこみ上げる。

城に登ると三六〇度の景観が広がった。スペインの山並み、白い民家群、麓の樹林帯。

——確かに絶景であった。

城塞はここでムーア人と戦い、祖国を奪い返した記念塔でもある。しかし、今はその〝勝利の時〟を忘れたかのように、午後の日差しのなかに人影はない。

麓の周辺は栗林で、一一月には栗祭りもある。栗は芝栗と巨栗の二種類があり、芝栗は民芸品の素材、巨栗は家具の材料になる。ヨーロッパで知られる栗の石焼きはポルトガルが発祥だ。多湿なので樹木が育つ。なかでもコルク樫はポルトガルを代表する樹木でワインのコルクの世界需要はポルトガル産が七割を占めている。

野に咲き乱れる花々、緑なす大樹の森——まるで神々の楽園である。なぜヨーロッパにだけかくも美しい田舎が残されているのかと、コンクリート地獄の中で国土をズタズタにされた東洋の居士は嘆かんばかりだ。

穏やかな村には女と老人と犬だけが時代にとり残されている。

「働き盛りの男たちは異国へ出稼ぎに出ている」

と、ジョルジュは言う。

大航海時代は外国を攻めに行ったが、今は逆に若者たちは外国企業の傭兵たらんと海を越えてゆく。

アランテージョの旅

伸びやかな緑の丘陵にオリーブやコルク樫の森があり、葡萄畑がうねる。集落は小高い丘の城塞の中にあり、そこには石畳の小路が迷路のように続く。古城があり、城塞が残り、古い教会が聳えている。一歩街を出るとミモザの森やエニシダの乱れ咲く丘陵、アザミ、野菊の色鮮やかな野辺の道、日だまりに寄り添う白壁の家々……。

ポルトガル、アレンテージョ地方の旅はヨーロッパの辺境の旅であり、どこもが似ている。アレンテージョとはリスボンを流れるテージョ川の「川向こう」という意味で、何もない田舎のことだ。

エヴォラに着いた。

エヴォラはアレンテージョの中心地で、ユネスコ指定の世界文化遺産の町だ。人口三万五〇〇〇人。別名〝ミュージアム・タウン〟といわれるように、小さな町に歴史の遺産がちりばめられている。中世の化石のような町である。

かつてのムーア人街を歩いた。

民家の一階の窓は鉄格子が乳房のように膨らんでいる。アラブの女性は外に出ないので、窓辺に身を寄せて外を見ていた。窓の膨らみは彼女たちがそこに座り、腕をかけて眺められる工夫だった。煙突は〝囁きの煙突〟と呼ばれ、異様に大きなものだ。アラブ女性が通りで立ち話する男たちの話をそっと聞いていたからだ。窓やドアは青色で彩色されている。これは〝魔除け〟で、アラブでは虫避けの薬草（インディゴ）を壁土に含めて使っていた。魔除けはつまり病気避けで病原菌を運ぶ虫封じのことだった。

エヴォラ大学は一六世紀、イエズス会が創設した名門大学で、かの天正少年使節団も訪れた。ほかにはユダヤ教徒を虐待したエヴォラ・カソリック教会、ローマ人が作った神殿跡、バスコ・ダ・ガマが住んでいた「ガマの家」など街には見どころはたくさんある。

大学に隣接するエヴォラ大聖堂（カテドラル）は一八世紀ゴシック様式。妊娠したマリア像は世界でここだけしかなく、安産の神にされている。ポルトガル最古のパイプオルガンがあり、伊東マンショ、千々石ミゲルらもここでオルガンに合わせて讃美歌を歌った。

特記すべきはフランシスコ教会で、別名は骸骨礼拝堂。ジョアン二世が建立した修道院の礼拝堂で驚くべきはこの内壁が人間の頭蓋骨や骨で装飾されていることだ。頭蓋骨が壁面に無数に並んでいる様は異様である。人骨は修道士のもので約五〇〇〇体といわれる。修道僧の瞑想の場所、死と再生の世界を直視する目的でつくられた。ローマにもあったと伝わるが、現存する骸骨教会は世界でもここにしかない。

入口のメッセージには、

NOS OSSOS QVE AVOI ESTAMOS PELOS VOSSOS ESPERAMOS

(あなたの人骨もお待ちしています)

など洒落たメッセージが残されている。

ジョルジュは、

「カメラのシャッターが落ちなくて青ざめたという男性もいたよ」

と、耳元でささやく。

この日は近くにある「ソーラー・デ・モンファリム」に泊った。

こぢんまりしたペンション風のホテルで、暖炉のあるバーや小さい部屋ながらもバスタブの完備した施設で小粋で可愛い。ただしギャルたちには「オバケが出そうだ」と不評だ、という。

リスボンでファドをきく

旅の終着、リスボンに着いた。

夕暮れ、テージョ川の河畔に立つ。

ヨーロッパ最長という吊り橋「4月25日橋」とリオデジャネイロのコルコバードの丘にちなむ「キリスト像」が墨絵のように靄《もや》って見えた。

対岸の工場の多いバレーロ地区からフェリーボートが着き、弁当箱を手にもつ勤め帰りの男たちが帰って来る。

日本を離れヨーロッパに上陸した少年使節団がまず見たものは灰白色の巨大な修道院の聖堂であった。

大航海時代の王・マヌエル一世の命で、完成まで実に百数十年の歳月を要した華麗なジェロニモス修道院である。ジェロニモス修道院は大航海時代の歴史的なシンボルであり、現在もリスボンのランドマークだ。正面入口の左右にはインド航路の発見者バスコ・ダ・ガマと国民的詩人のルイス・ド・カモンイスの棺が恭しく置かれ、訪問者の敬意を最初に受けている。

修道院の壁や柱には縄模様や樹木、花など東洋趣味の装飾が施され〝マニエル様式〟といわれる。中央に飾られたマニエル一世の結婚を祝う絵画にはインド、中国、日本の大使が列席しており、東洋を支配した王たる威厳をたたえている。

かつてははるか東洋に航海に出る者たちはこの修道院で礼拝し、航海の無事を祈り、港へと下るゆるい坂道を降り、ベレンの塔に別れを告げて出航した。海中に建つベレンの塔もやはりマヌエル一世の命により建てられた宮殿のような物見の塔だ。はるかインド洋を経て長い航海から帰る者にとっても帰還の喜びのシンボルだった。


ポルトガル人の心情を理解するには、「サウダーデ」だとよくいわれる。サウダーデとは哀愁、ノスタルジー、そこはかとなく寂しい心情で、ファドの心だという。ファドは男たちが長い航海に出て帰らず、残された女たちが寂しさを募らせてうたった歌だ。

ファドを知らずしてリスボンは語れない。ファドは一八世紀半ばアルファマ（リスボンの下町）で生まれた歌である。

切々と迫ってくる哀調のメロディー、悲しく憂いをこめた女性歌手の声の響きは、孤独な人の心の奥底をのぞき見るような人生の傷みを伝えている。

映画『過去を持つ愛情』で客演したアマリア・ロドリゲスが歌った『暗いはしけ』が、多分、日本人が初めて聞いたファドだろう。

アマリアは一九二〇年、リスボンの下町に生まれた。貧しい一家では娘を学校に出すことができず、アマリアはひとり港の埠頭に立ちオレンジを船員たちに売っていた。

――私の中にファドがある。ファドは私。私はファド。

という少女時代の嘆きの声がファドミュージックとなり世界へ伝わった。

ファドはラテン語のfatum（「宿命」の意味）に由来しており、一八、一九世紀が起源といわれ、一九世紀半ば、リスボンのアルファマで娼婦たちが歌って世に知られる。「人生でなくしたすべてのもの」を哀惜して歌い、切々と迫ってくる哀調のメロディーが特徴だ。

ファドを聞かせる店「カサ・ド・ファド」はケーブルカーが上下するバイロ・アルト地区に多い。ここは古いリスボンの下町で、狭い小路に商店や穴蔵のような小さな食堂が軒を連ね、洗濯物が窓に干されるといったいかにも庶民の暮らしの匂いが伝わるエリアだ。

ファドが佳境に入るのは深夜である。

酒を飲み長い食事が終わり、ふと店内が静まる一一時頃から哀愁漂うギターの前奏でファドははじまる。

航海に出た恋人をひたすら待つ女の恋心、人生の明暗、機微を歌う声の響きは、大航海時代の夢が去り、現実の暮らしに戻らねばならなくなったポルトガル人たちの心のさびしさを聞くようでもある。

薄暗い「カサ・ド・ファド」でポルトワインを傾けながら聞くファドは、甘く、優しく、うら淋しい。日本人がすでに忘れてしまった演歌にも似て、望郷の心の琴線に触れるようであった。

ああモラリア　私の大好きな人がいる
嘘つきだったけど　私はとても愛していた
悲しみと共に　風がさらって行った愛
でも今でも　とぎれることなく

わたしはその愛とともにある

『想い出のモラリア』（アマリア・ロドリゲスの持ち歌）

ふと村々の情景が浮かんだ。

家の前に椅子を置いて遠くを眺めやっている老人……。

黒い喪服に包まれて、日傘をさして教会へ向かう老婆たち……。

夏の陽射しに包まれて、哀愁が静寂のなかに溶け込んでゆく。

ポルトガル人はこの憂愁とも哀愁ともいえるおぼつかない心情を持ち、昔日の栄華をしのんでいる。男たちは海外に出て村にはいない。残された女や老人だけがいつか男の帰る日を待っている。

サウダーデ。人生でなくしたすべてのもの――。

ポルトガルの辺境を旅すると、失ったものの哀しみがしみじみと伝わってくる。

もの静かなピニョンの町、ドウロ川が脇を流れる

4 バスク

ザビエルの見果てぬ夢

バスクという国

バスクと言ってもピンとこない方が多いかもしれない。実は国ではないのである。西ヨーロッパのイベリア半島の付け根、ピレネー山脈の西麓に位置しビスケー湾に面し、スペインとフランスの両国にまたがっている。大雑把にいえばスペイン内陸部のパンプローナ、ビスケー湾のビルバオ、フランスのビアリッツを結ぶ三角形の地域が〝バスクの国〟だ。

スペイン側に五〇万人、フランス側に二〇万人、混血がすすんだ今でも純粋なバスク語を話す人は五〇万人を超すといわれる。世界屈指の難解さ、といわれるバスク語は三〇〇〇年にわたるインド・ヨーロッパ語族化の波にも影響されず今も純血を保っている。

独特のベレー帽で知られ、平均身長は一七〇センチとさほど高くはなく、髪はブロンド、顎骨は長く、高い鼻がバスク人の特徴だ。

独立独歩の気位は高く、険しい地形の辺境にはかのローマ帝国の支配も及ばず、さらに西ゴート、フランク王国の侵入も許さず独立を保ち中世にはナバラ王国があった。

バスクという名をはじめて知ったのは中学生時代、『バスク決死隊』という西部劇だった。一九六〇年代のこと、当時はB級ウエスタンの全盛時代で、白髪の渋い活劇俳優、ジェフ・チャンドラーと金髪美女のスーザン・ヘイワードが主演。チャンドラーが幌馬車隊の案内人となりカルフォルニアへと向かうという物語だった。B級西部劇お決まりの幌馬車隊とインディアンの戦闘劇だと思っていたら、実はピレネー山脈から来た移民、バスク人の物語だった。

ヘイワードがエキゾチックなバスクダンスを披露したり、ブドウの苗を大事に隠す風変わりな習慣があったりして旅は続くが、ラスト近くシェラネバダ山中でインディアンの襲撃にあうと、移民のバスク人らが岩場をジャンプして飛び回り、サーカス劇団のような離れ業でインディアンの弓矢をかわし、逆境に追い込まれた幌馬車隊を救出する、というストーリーだった。荒唐無稽な西部劇だが、今思えば、それはバスク民族の特異な風俗を紹介する異色西部劇だったかもしれない。というのはバスクそのものがヨーロッパの中では風貌、習俗、言語など異彩を放っており、現代史の中でも伝説的な民族となっているからだ。バスク系アメリカ人は現在全米に一〇万人といわれる。キューバ革命で知られるチェ・ゲバラも生まれはアルゼンチンだがバスク系の人だった。

ザビエルの祈り

東京四谷の上智大学がバスクと密接な関係にあると言えば、驚く人もいるかもしれない。上智大学はカトリック系の名門大学だが、その創立者はイエズス会だからだ。

そのイエズス会の創立者、イグナティウス・デ・ロヨラとフランシスコ・ザビエルはともにバスク貴族の出身だった。国がスペインに侵略され、逃げ延びたザビエルはパリ大学の神学校で偶然ロヨラに出会った。ロヨラはキリスト教の回心を得て、ザビエルを説得し、二人とその仲間はイエズス修道会をつくりローマ教皇に認められた。イエズス会は〝ローマ教皇の軍隊〟と別名があるほど意志強靭で団結力があり、未知の世界でのカトリック伝播をめざした。ザビエルはロヨラに命じられインドのゴアに旅立ち、その後日本人ヤジローの案内を得て、マラッカを経由して鹿児島に着岸した。

見知らぬ国で、言葉も分からず、ザビエルはさぞ心もとなく孤独だったに違いない。神の導きだけが希望の光だった。しかしこの国には文化があり、村人は貧しいが危険はなかった。ザビエルの一心に神に祈るさまを見て、村人の心は動いた。

――この国の人びとは今までに発見された国民の中で最高であり、日本人より優れている人びとは、異教徒のあいだでは見つけられないでしょう。彼らは親しみやすく、一般に善良で悪意がありません。驚くほど名誉心の強い人びとで、他の何ものよりも名誉を重んじます。

と、ローマ教皇へザビエルは報告書を送っている。

平戸、豊後、山口で布教活動を行い、肥前の大村純忠などのキリシタン大名の支持を得たが、仏教徒の反発があり、京へと上るが天皇には謁見できず、布教の困難さを知った。日本で布教を広げるには影響力のある中国が先先だ、と彼は中国への布教を志すが、その途上で客死した。一五五二年、四六歳の男盛りだった。

ザビエルの生涯を思うと、はるか極東の日本に第二の故郷を見出したのではなかったか、と思われてならない。そこには大西洋と似た荒ぶる大海があり、天を突く山々が屏風のように聳え、家々はいずれも貧しく、肩をひっそり寄せ合うように山麓に散在している。牛馬とともに同じ家に住む農村の簡素な生活もバスクの村と同じであった。アジア全体を監督する立場にあったサビエルがなぜ小さな島国の日本をめざし、この国に二年余も過ごしたか不思議だが、布教精神はさることながら、ザビエルはこの国の自然と文化に魅了されたのではなかったか、と想像してしまう。

時は大航海時代である。スペイン人、ポルトガル人が七つの海に漕ぎ出して、アメリカの南北の新大陸を発見、またインド航路を発見し、世界に金銀を求め一攫千金の野望を抱いていた。紅毛碧眼の南蛮人がはるか極東のジパングに求めたのは黄金だった。〝東洋の神秘の国〟ジパングは莫大な金を産出し、宮殿や民家は黄金でできている、とマルコ・ポーロが伝えたからだ。

しかし、ザビエルは黄金ではなく、そこに「神の国」を見ていた。そこに暮らす平和な貧しき人々に敬愛の情を抱いていた。

——彼ら日本人は予の魂の歓びなり。

大航海時代という激動のなかで黄金の夢は抱かず、故郷に似た山河の風景、慎ましい村人の情を感じていた異邦人もいたのである。ザビエルはぼろのような僧衣を纏い、財宝には目もくれず、ひたすら神の道を説いた。そこに黄金強奪に走ったスペイン人、ポルトガル人と祈りと孤高を保ったバスク人との違いがあった。

一五八二年、日本からキリシタン大名大友義鎮（宗麟）、大村純忠、有馬晴信の名代として四人の少年使節団がローマ教皇の元へ派遣された。ザビエルの志を継いだイエズス会のヴァリニャーノの発案、先導だった。ザビエルの夢は三〇年を経て実現したのであった。

しかし、ローマ法王に謁見した栄光の少年使節団が帰国した時、日本の状況は一変していた。秀吉はバテレン追放令を、続く徳川幕府は禁教令を出し、高山右近などを国外追放し、キリシタン信徒の弾圧がはじまる。信者の悲痛な叫び声はもはや天上界にいるザビエルには届かなかった。

ピカソ、ゲルニカの記憶

バルセロナから航空機で約一時間、ビルバオに着いた。

ビルバオは北部スペインの最大都市でビスケー湾に面した工業都市だ。バスク・グッゲンハイム美術館の存在で知られる。バスク州の実質的な州都でダウンタウンには高層ビルが並び建ち、辺境の地・バスクの印象は揺らいだ。

ゲルニカ訪問が目的だった。

ピカソが描いたあの強烈な抽象画は忘れられない。ゲルニカの町を一目見たいと、ビルバオからゲルニカまで列車に乗る。バスク州が独自に運行している鉄道で約一時間、ゲルニカに着く。

初夏の太陽がまぶしく街路を照らしている。

ゲルニカは思ったより小さな町で、人口は二万弱。小川の流れる緑の多い市民公園や落ち着いた民家の街並みにヨーロッパの古い郷愁を感じる。

一九三七年、この町にドイツ空軍・コンドル軍団が無差別爆撃を行った。町は七割破壊され約三〇〇〇人が死傷、一瞬の間に〝死の町〟と化した。

ピカソはその時、怒りと悲しみを込めてその悲惨さを描いた。赤子を抱いた主婦、倒れた兵士、悲鳴をあげる牛馬……戦争の悲惨さが大胆な抽象画に描き出された。

スペインは当時内戦状態だった。左派の共和国人民戦線政府に対して右派のフランコ率いる反乱軍がクーデターを起こし、ソ連が人民戦線に加担、ドイツ、イタリアのファシストがフランコを応援し、戦場は全土に広がった。

バスクの独立派の兵士はフランコ軍に対して戦ったが、その動きを封じ込めようとドイツ空軍がゲルニカを襲った。

町の議事堂は奇蹟的に戦災にあわず残っていた。石積みの重厚な建物で、中に入るとステンドグラスが美しい。

広場にはオーク（樫）の木が立っていた。バスクの自治・独立の象徴とされ、中世の歴代領主らはこの木の下で独立自治を誓った。現在のオークは四代目になるが、空襲にあった二代目のオークは石化したが保存されていた。

フランス、南バスクの村々を訪ねる

ビスケー湾に面した小さな漁村ビアリッツを訪ねた。

ここはフランスの南西部アキテーヌ地方になる。

もともと捕鯨、タラ漁の盛んな村で、村民は航海術に優れ、大航海時代、世界へ乗り出した航海士にビアリッツ出身者も多かったようだ。美しい浜辺があり、空気のきれいなここは一九世紀以来、絶好の保養地となり、イギリスやスペインの王家が訪れた。今はリゾート地となりサーフィンやヨットセイリングが盛んだ。

——私はビアリッツより魅力的でより素晴らしい場所をおよそ知らない。

と、作家ヴィクトル・ユーゴーに言わしめている。

街角にある中世のままの教会をのぞくと、大きな古いパイプオルガンが正面に鎮座し、裁判所の陪審員席のように二階席がぐるりとホールを見下ろす。男は二階席に、女子供は一階にとミサの席は男女に分けられ、ここにもバスク独自の宗教の形が窺《うかが》える。古い精緻な捕鯨船模型が海の民族の守り神のように天井から吊り下っているのが印象的だった。

エスプレット、アイノア、サン・ジャン・ド・リュズと山側のバスクの村々をめぐった。深いピレネーの山塊に閉ざされて、村々はひっそりと谷間に隔離されるようだった。民家は肩を寄せ合うように並び、人影はなく、村は午後の静寂に眠っているかのようだ。

どの村にも中心に教会とプロット広場、バール（酒場）があった。

プロット（ペロタ）はこの地方独特の球技で、手籠ラケットを使い、スカッシュのように壁に向かってボールを打ち合い二人組チームで勝負を競うスポーツだ。このプロットに賭けをするのが習わしのようで、週末ともなれば、村同士の対抗戦に民族の血は騒ぐようだ。信仰とスポーツとワイン、その三位一体がどうやら、この民族の独立独歩精神の気骨をなしているようである。観戦する男たちはバールに集まり、一杯飲みながらのテラスは絶好の見物席となるわけだ。


アイノアの村は時刻がそのまま止まっているかのようだった。

抜けるような青空に乾いた道、窓辺を飾るハンギング・バスケットの原色の花々が村人の心の豊かさを伝えていた。

チューダー王朝様式を思わせる木骨造りの重厚な民家は、白壁と真紅の梁をめぐらせている。玄関には横長の看板がある。長い文字で綴られているのは屋号で、時々見受けられる円中の十字架はキリスト教のバスク民族の心のシンボルのようだ。かつては家畜を一階に住まわせ、人々は二階に暮らしていた。そっと覗くと暗い一階のホールは今はガレージとして使っている。

村はずれのレストランで、バスク料理を試食した。

平日の昼間なのにご近所の老人らが普段着でワインを手に食事中だった。ここでは昼間でも食事にワインはつきものだ。皆がもはや赤ら顔である。

老人の一人が好奇心からか私たちのテーブルまで来て、

「どこからだい？」

と、声をかけられた。

「日本から」

と、言うと、

「アイ〜ン、サムライ、ハラキリ！」

といい、ジェスチャーをして笑わせ、メニューをとってお勧めバスク料理を選んでくれた。隣で店の娘さんが説明しながらオーダーを取ってくれる。

郷土料理は特記したい。

バスク風オムレツは厚焼き玉子のようで、特大の厚み。中には青唐辛子、トマト、ネギ、オリーブと一緒にハム、ソーセージが入っていた。

次はタラ料理。オリーブオイルたっぷりで焼いたタラにバターが香りづけしてあり、アサリ、アスパラガスが添えてある。肉料理は子羊の煮込み。子羊の肉を赤パプリカ、トマト、玉ねぎ、ジャガイモなどの野菜とともに煮込み、タイム、オレガノ、パセリ、ローリエなどの香辛料を利かせる。羊肉は柔らかくほのかに草原の香りを放っていた。

料理はいずれもピメント（赤トウガラシ）、ピペラード（胡椒）、ピメ（ピーマン）など香辛野菜を使いトマトベースの味が効いている。野趣味豊かな肉料理、新鮮な海鮮料理、素朴な家庭の味の卵料理に舌鼓を打ち、大いなるバスクの国の繁栄を祈って、ボルドーの赤ワインのグラスを重ねた。

フランス側、アキテーヌ地方はワインの名産地である。

ボルドー、サンテミリオン、ポム・ロール、コート・ドュ・ブランなど名門ワインの産地が目白押しだ。

映画『バスク決死隊』でスーザン・ヘイワードが大切に運んでいたブドウの苗の意味がこの時理解できた。バスク人にとって、ワインは昼夜分かたず食事の必需品で、彼らはブドウの苗木を後生大事に運び、新天地で花を咲かせようとしていたのだ。思えばその苗は大きく育ち、今やナパヴァレーはカルフォルニアの一大ブドウ産地となっている。

老人たちの談笑が続き、またワインのコルク栓を抜く音がきこえる。ワイン談義はとめどもない。一体、何を語り合っているのだろうか？

穏やかな午後だ——。

ここでは時が止まり、世のこと仕事のことはすっかり忘れる。

広場ではプロットの練習がはじまり、教会には祈りを捧げる女たちの姿がある。ツバメが空を飛び交い、電柱にはコウノトリが営巣している。かつての栄光、また悲惨を極めた内戦など嘘のようだ。

ここでは身の丈にあった生き方が尊ばれる。通訳のアンジェロ女史によれば、

——人生は短い。楽しめるうちに楽しむ

というのがこの国の流儀だという。

コンビニや自販機はないが、ここでは時は緩やかに流れ、村人らはゆったりと自分の残りの人生を楽しんでいる。

働きバチだった日本人は一体何を残しただろうか――、と、自らに問うた旅だった。

二階席のある独特なバスクの教会。南フランスのビアリッツにて

5 北極圏

イヌイットの国の風景

一　グリーンランド

役に立たないものは置いてゆく

太陽は一日中沈まない――

七月というのに猛吹雪だった。気温はマイナス一〇℃。

北緯七一度、極北のグリーンランドにいる。

グリーンランドは北極海に浮かぶ世界最大の島で面積は二一〇万平方メートル、日本の六倍の広さがある。だがほとんどの部分は氷床と万年雪に覆われており、地表から顔を出すのは雪山（岩山）の頂上ばかりだ。ここには普通の国のように土の大地がない。

国際空港のあるカンゲルルススアークに降り立つ。

道がないからどの町へゆくにも小型飛行機かヘリコプターに乗り換えねばならない。周囲は海だが浜辺はなく岩盤がそのまま海からそそりたっている。

グリーンランドの人口は五万六〇〇〇人、九割ちかくが少数民族のイヌイットだ。人口密度は一平方キロあたり、〇・〇三人という超過疎地帯である。

イヌイットは今から四～五〇〇〇年前、カナダから移住した。

九世紀頃ノルウェイのヴァイキングがアイスランドを経て入植した折り、ここを「グリーンランド」と名づけた。氷の国なのにグリーンとは不思議なネーミングだが、定住した南部のヌーク（今の首都）周辺に緑の草原が広がっていたからだ。彼らは牧畜、漁猟をはじめたが一四世紀頃になってやはり寒さに耐えきれず撤退した。

大航海時代、西欧人がやってきた。アザラシ、セイウチ、イッカクの毛皮捕獲が目的で、さらには捕鯨船もやってきた。白人の侵入でイヌイットは北米インディアンと同じ運命を辿ることになる。彼らは毛皮やクジラの捕獲人となり、獲物は安価なウィスキーやガラス玉と交換され、アルコール中毒者が続出した。さらには西欧人が持ち込んだ天然痘や性病の病魔にも侵された。

一六〇五年、デンマークが領有宣言した。一七二一年からデンマークの植民地となり、二〇〇九年、デンマーク王国の自治領になり今日に至っている。

グリーンランドのウマナックにいた。

ウマナックはグリーンランド西海岸の中ほどにあるフィヨルド観光の拠点だ。集落は離島にあり、背後には一〇〇〇メートルを超すハート形のウマナック山がそそりたつ。イヌイットの住む小さな村である。

ここでの最後の日没は一〇月三一日、初日の出は一月二四日。人々は三カ月の間、太陽のない「極夜」を過ごすことになる。その代わり、五月末から七月末までは、文字通り日の沈まない「白夜」が続く。

訪れたのは七月上旬、白夜のさなかであった。

東の地平線上の太陽は南中時でも昇らず低い角度のまま大空をぐるりと回って、西の地平線上に留まる。朝と夜との差がまったくない。

一週間経つと生活もその区別がなくなり、眠くなれば眠り、おなかが減ったら食べるという習性となり、時計をみて四時であっても、それが午前か午後か判断がつかなくなる。

四季があり、昼夜の区別がはっきりしている日本から来た旅人は戸惑うばかりだ。

岩盤の上に小さな家々がへばりつくように並んでいる。道は港の周囲にあるだけなので民家と民家は長い木道で結ばれている。遠くから見ると蜂の巣のようである。

グリーンランドに絵本で見るようなイグルー（氷の家）を想像すると、はぐらかされてしまう。イグルーは狩猟で氷上に出た猟師の避難小屋で、通常の家々は赤、青、緑のカラフルな西洋家屋でお伽《とぎ》の国のようだ。アメリカの居留地の安作りのプレハブ住宅に住むインディアンとは雲泥の差である。デンマーク王国がここを領土として以来、西欧化政策が進み、イヌイットの原始的な暮らしは一変した。地球のてっぺん、地の果ての北極圏の町にもスーパーマーケットやディスコがあり、西洋の現代文明がすみずみまで行き渡っている。

真夏であるはずなのに港はまだ氷が敷き詰めており、海は開かない。

流氷の合間を縫って氷河クルーズに出かけた。

深く刻まれたフィヨルドの海に氷河が落ち込み、時々凄まじい音を立てて海へ流出する。青味がかった氷山は太陽の光によって刻々と色を変える。地球の絶海にいることを実感する。

気になるのは地球温暖化であるが、近年の温暖化の影響で氷床の凍解は進み、グリーンランドではここ七年間に一一ミリ氷床の厚みは減っている。二〇一九年には全世界で六七五〇億トンの氷床が損失、そのうちグリーンランドの氷床は七二%に及んだ。その結果海面は二一ミリ押し上げられた。目の前の雄大な氷河が解けたら果たしてどうなることか、ノアの大洪水が起こるのではないか、と案じるばかりだ。

剽軽《ひょうきん》なガイドのイヌイット青年は氷山のカケラを海から掬い、ウィスキーで割ってサービスしてくれた。グラスの中で氷はピチピチと音を立て、はちきれるように溶けてゆく。「紀元前三〇〇〇年の音ですよ」といって青年は笑わせた。

アノラック、カヤックはイヌイットの知恵

ウマナックの村を歩いた。

港の一角で黙々とカヤックを作る老人がいた。声をかけると笑顔となり手で招いてくれた。平ぺったい顔、ずんぐりむっくりの体軀。日本の田舎でよく見かける老人のようである。懐かしいモンゴロイドの顔であった。

カール・マリキエシンという名の老人は周辺の集落で育ち、父親から見よう見まねでカヤック作りを覚えた。一〇歳の時にはもう一人前だったという。

「流木さえあれば、一日でカヤックを作れる」

老人は自慢げに指を立てて話した。

エスキモーカヤックは極地のサバイバルのために設計されている。船体が短いのは嵐に出会った時、陸に上がり、軽々と運搬できるため。幅が狭いのは高波にさらわれた時、すばやくエスキモーロール（水中回転）をするためだ。材料の木材ははるか遠くのカナダから流れ着く流木だ。ここはツンドラ地帯なので周囲を見渡しても立ち木は一本もない。白骨のように乾いた流木は合成プラスティック製のものに比べると見栄えは悪いが軽くて丈夫だ。乾かした流木を割って細い素材をつくり、巧みに編むとカヤックの原形ができあがる。その上にアザラシの脂肪を丹念に塗り、最後にアザラシの皮を底に巻きつける。嵐や高波の時、カヤックは電動ボートより素早く対応できて安全だという。

老人は今もカヤックを使い猟にでかける。撃った獲物は舟の外側につけて引いてくる。カヤックに積むのは鍋だけで、鍋はサバイバル時に肉を煮るためだ。

イヌイットは極地の生活の中で多くの知恵を残した。

地球の南北の両極を踏破し、北西航路を発見したノルウェイの探検家、ロアール・アムンセンは犬ぞりの使い方、獣皮防寒服の作り方など越冬時の生活術をイヌイットから学んだ。かの植村直巳もイヌイットと暮らし、犬の指導法、橇の作り方、オヒョウの釣り方、アザラシの捕り方などサバイバルの知恵を得て犬ぞりでの北極点到達の偉業をなし終えた。

キャンプなどで必需品のアノラックもイヌイットが考案したものだ。アノラックはアザラシの皮で作った防寒着だった。頭からすっぽり被ることができ、フード付きなので風を通さず暖かい。アザラシやトナカイの皮でなめしたブーツも防寒のために工夫された逸物だ。

イヌイットは氷点下三〇℃の寒さの中で、わずか三〇分で、イグルー（氷の家）を作ることができる。イグルーは狩りに出た時の避難小屋として有効だ。

小集団で集落をなすコミュニティーも生活の知恵から生まれた。男たちは共同でクジラを捕り、肉は全員に分配して人間も犬も余すところなく貴重な栄養を分かち合う。

子供は集落の共有財産として皆で育て、長旅の狩りに出る男は妻を友人に託してゆく。万一、男が帰らなくとも妻は暮らすことができるからだ。

かつての探検時代、多くの船員が航海途上で死亡した。その原因はほとんどがビタミンC不足による壊血病だった。新鮮な野菜や果物が欠乏する長い航海で船乗りたちはビタミンCを補給するすべがなかったからだ。もし彼らがイヌイットのようにアザラシやクジラの生肉、内臓を食べていたら、それほど多くの犠牲者は出なかったに違いない。

極地や辺境で生きる人々の生活は一見、原始的だと思われがちだが、そこには長い歴史と風土の中で培われたサバイバル技術がある。野菜、果物などない北極圏で彼らがビタミンを補給できるのは、生魚や生肉、臓物を食べているからだ。イヌイットには心筋梗塞、糖尿病、動脈硬化、皮膚疾患が極めて少ない、との調査報告がある。とりわけ魚油をふんだんに食べているからだといわれている。

氷上のアザラシ猟へ

カール翁の息子、アキアックがアザラシ猟に連れて行ってくれた。

イヌイットの村では交通手段は犬ぞりしかない。各家では犬は家族同様に暮らしている。マリキエシン家では二五匹の犬を飼っており、犬ぞりをひくのは一二匹と決まっている。

アキアックの一声で犬たちは一斉に大雪原に走り出た。

リーダー犬を先頭に群れは三角形を描き、振り返りながらアキアックの指示を仰ぎながら走っている。

「ヒスヒスヒス、キリキリキリ、ヒーヨ、ヒーヨ」

叫び声は左右、緩急の合図だ。

犬たちの足には容赦なく鞭が飛ぶ。そのヒューという空気を切る音が犬には一番の恐怖で懸命に走るという。

雪原での速度は時速一五キロくらいか、とてもゆっくりしていて気持ちがいい。

雪原はところどころ氷が割け、幅三メートルほどの亀裂が運河のように続いている。アザラシはその川溝に空気を吸いに現れる。

どこまでも雪原が続いた。遥かには雪を抱く岩山、麓に樹木が一本もないのが不思議な光景でもあった。

「ここで待て」

アキアックは銃を持つと、ひとり雪原に消えた。

やがて、鈍い銃声がすると、口笛が風に流れた。犬たちはそれを聴くと一斉に走り出した。

彼が仕留めたのは二歳のゼニガタアザラシの雄。今年四五頭目だという。

猟の帰路、悲しい事件があった。

一頭の犬が負傷してビッコを引き始めた。アキアックはその犬を解き、そのまま雪上に置き去りにした。

「犬はどうなるのか」

ときいたら、
彼は、

「力があったら家へ戻ってくるだろう。なければオオカミの餌になる。役に立たなくなったものは置いてゆくしかない」

夏、犬たちは無人島に放たれる。一家の食糧をセーブするためだ。そこで生き残ったものだけが家へ戻される。

ここでは、
強いものしか生き残れない——。

イヌイットの〝哲学〟である。

しかし、それは西洋化したイヌイット自らの将来を暗示してはいないか。

現代のグリーンランドではデンマークの教育、福祉政策が徹底しており、多くのイヌイットは核家族化し、電気のある現代文明の中で暮らしている。歴史の中で有数のサバイバル技術をもった民族だが、その子供たちは西欧と同じ教育システムの中でパソコンを学び、競争原理のもとに育っている。

共存か、競争か。サバイバルか、文明か——果たしてイヌイットの未来は明るいのだろうか、若者たちの自殺、肥満児童が増えていることも気にかかる事実である。

二　アラスカ

極北の空を裂いたオーロラの光

極北のイヌイットの村

冬の三月、バローへ行った。

バローはアメリカ合衆国アラスカ州の北緯七一度二三分、北米大陸の北限の町である。アンカレッジから乗った飛行機の窓から見ると海は流氷で埋まり、陸は雪原がどこまでも広がり、海と陸との区別がつかない。クルマが走る道は一本もなく、交通手段は飛行機と船だけである。

バローの名で長らく親しまれてきたが、二〇一六年来、町の名はウトキアグヴィクという現地名に変わった。その意味はイヌクティトゥット語で「シマフクロウの狩り場」のようだ。

北極海に突き出るバローポイント（岬）の根元にあり、塩水潟（ラグーン）の南にバロータウン、北にブラウワー・ヴィルの二つの集落がある。人口は四四〇〇人、半分以上がエスキモー（イヌピアット）だ。（グリーンランド、カナダではイヌイット、アメリカではエスキモー、イヌピアットと呼ぶのが標準だが、本書では統一してイヌイットを使う）。

一八二五年にイギリスの探検家、フレデリック・ウィリアム・ビーチーが岬を発見し、スポンサーだったジョン・バロー男爵にちなんで名をつけた。一八六〇年にチャールズ・ブラウワーという白人が来るまでここはイヌイットしか住まない土地だった。ブラウワーは生涯をこの地で暮らし、地元の娘と結婚し、捕鯨基地、毛皮交易所を開いた。その後ノームの南で金鉱が発見されると、ここにも白人が来訪したが、やがて金鉱はすたれイヌイットの村はそのまま残された。

どこへ行くにも徒歩でゆける町だ。

北極海に面したブラウワー・ヴィユへ行った。海に突き出た砂嘴《さし》を見ながらしばらくゆくと木造家屋がチラホラと現れた。チャールズ・ブラウワーが暮らしていた村で、家々の庭にはカリブー（トナカイ）やホッキョクグマの皮が干してあり、エスキモー犬が寝そべっていたりする。今も捕鯨と狩猟の雰囲気が残る村で、浜辺にはクジラのアゴ骨が二本、巨大なアーチのように立っていた。

北極海とチュクチ海を沖で結ぶここはクジラの通り道だ。ウミアック（アザラシの皮をはった八人乗りのボート）による伝統的な捕鯨は政府が許可しており、春（五月）と秋（九、一〇月）にはイヌイットらによる勇ましい捕鯨風景が見られる。

午後二時を過ぎると夕闇となり、ほどなく真っ暗な夜となった。家の明かりがポツリ、ポツリと雪原を照らしはじめる。

北極圏の暮らしは厳しい。

ツンドラ気候で、夏（七月、八月）でも最高気温は七〜八℃にしかならず、零度を上回るのは六月から八月の三ヵ月しかない。あとは氷点下で、冬はマイナス三〇℃まで下がる。五月から八月の八五日間は白夜、一一月から一月の六八日間は太陽のない極夜だ。

アラスカのイヌイットは皆アメリカ人戸籍だが、グリーンランドと同じく今もアザラシ猟は許されている。毛皮は重要な現金収入となり、肉や内臓は家族を養う食料となる。猟のためのエスキモー犬を飼っているのもグリーンランドと同じだ。

生まれた長女（女子は狩りをしないので役に立たない）は雪の上に置き去りにして葬る、というシャーマニズムの掟が前世紀まで続いていた。アルコールに関しては今も厳しい。二一歳までは飲酒、購入は不可、町での一般販売は禁止されている。かつてアルコール依存症となるイヌイットが多く、仕事をほっぽり出したり、寒さの中で眠り、そのまま凍死する者が多かったからだ。

伝説化したジャパニーズ・モーセ

バローの村に忘れられない日本人がいた。

フランク安田（安田恭介）、東北・石巻出身の人である。一八九〇（明治二三）年、彼はアメリカの捕鯨船ベアー号にキャビンボーイ（雑役夫）として乗り込んだ。

日本を出て三年後。ベアー号は北極海、バローポイント沖で海が結氷、封閉される。全員に行き渡る食料は限られており、彼は陸地にある村に援助を求め船を降りた。ただひとり氷床を彷徨い、凍死寸前にイヌイットに救助された。

ベアー号の船員らは生命を賭けた安田のおかげで食料援助が得られ、助命できた。安田の功績は人々に伝わり新聞にもヒーローとして報道されたが、彼はそのまま船には戻らず、村に居残り五年間猟師を続けた。妻を娶《めと》り娘も生まれた。

村人の生活改善にも貢献した。それまでのイヌイットの家は流木を柱に使い、コケ、土で固めるといった穴倉のようなものだった。家の中は排便、獣肉、体臭で気の遠くなるような悪臭が立ち込める。安田はトイレを外に作り、家の中は換気を図り、明りを採り、衛生環境を整えた。その賢明さ、誠実さは村民に伝わり、ついにはイヌイット村の酋長に推された。

バローは地の果てである。頼りになるのは船がもってくる食料、薬品だったが、ある年異常な寒波に襲われ早々と海が氷結し、船が入れなくなった。激しいブリザードが続いた。

「このままでは餓死してしまう」——。

危機を感じた安田は村人を促し、八〇〇人を連れて出発した。一九一五(大正四)年、四七歳の時である。背後彼方に横たわるブルックス山脈を越えてユーコン川の上流へと向かった。旅は二ヵ月、八〇〇キロに及んだ。

山脈を越えると、そこには白樺、白モミの森林があり、緑の大地、鮭の遡る川があった。村人は飢餓を免れたのであった。

紅海を渡り、イスラエルの人々を救出したモーセにちなみ、フランク・安田は〝ジャパニーズ・モーセ〟なる伝説の人となり、一九五八（昭和三三）年、九〇歳で長寿を全うした。

村はビーバー村と呼ばれて現存している。二〇〇八年、没後五〇年で石巻から訪問団が訪れた。現地では盛大なお祭り（MemorialPotrachi）が行われたという。

夜の海岸通りでの出来事

町の中心地、バロータウンにはホテル、レストラン、コミュニティーセンターがあり、メインストリートは海岸通りで、その名も「トップ・オブ・ザ・ワールド」（世界のてっぺん）という名のホテル（ホテルは町に二軒しかない）に滞在していた。

コミュニティーセンターで子供らのイヌイットダンスを鑑賞し、夕食を町のレストランへ食べに行った。

午後五時ともなればもう深夜である。気温はマイナス二〇℃、頬は針で刺されるような寒気だ。

海岸通りを歩くが、真っ暗で店の灯りなどなく、時々遠くの海上で風がヒョウヒョウと唸る。

ようやく一軒だけ開いていたメキシコ料理店に入った。レストランといえども狭い店内はうす暗い。イヌイットらしき男が数人、一組の客があるだけで、彼らはすでに酔っぱらっているのだろうか、喧嘩をしているような人憚《はばか》らぬ大声で叫んでいる。

レストランは原則禁酒だが、持ち込みならば可能だ。酒の勢いを借りて普段言えないことをののしり合っているのだろうか、あるいは共鳴しあっているのか、言葉が分からないので不明である。イヌイットの体中にはアルコールを分解する酵素が少ないといわれ、少量の酒でも酔っぱらう。こちらを気にして時々伺う視線を感じていたが、構わず料理を平らげた。小体な店に反してスパニッシュオムレツとシーフードサラダは意外においしかったのだ。

帰る途中の海岸通りでのことだった。

「ミスター、ミスター」

突然、後ろから男に呼び止められて振り向いた。

イヌイットの男だった。寸胴の体軀で長髪にアザラシ帽を被り、泥酔しているようで赤ら顔いっぱいに吐く白い息がまとわりつき、闇夜では妖怪のように見えた。あの店にいた男の一人に違いない。鋭い視線を送っていた男だろうか。

私は相手になるのを避けて、ホテルへの道を急いだ。

「ルック！　ルック！」

男はなおも千鳥足で追いかけてきては、幼稚な英語で何か言っているようだが、意味が分からない。

背筋に危険を感じて、後ろを振り返らないよう無視していたが、執拗に後をついてくるので、たまらず「なるようになれ！」と、思わず振り向いて男を迎えた。

すると、男は手をあげ、中空を指さした。

あ、あ、なんという凄まじい光景だろう。青色の光が大空を割き、亀裂は漆黒の海上から中空へと稲妻のように走っている。宇宙の風に吹かれるような色彩の狂乱、青、黄緑色の光束だった。

――オーロラだ！

すごい！　これがオーロラなのか！

私は凄まじい色と色彩の変化にしばらく呆然と立ちすくんでしまった。

男はオーロラを知らせたかったのだ。おそらくそれはその夜だけの劇的なオーロラだったのだろう。そのままスタスタとホテルへ帰ってしまえばこの〝天体劇場〟は見られなかった。

男は無言で、自分の意図が通じると、踵を返して闇のなかに消えていった。チップが欲しいなどという仕草は一切なかった。

その夜、オーロラは一晩中、ホテルの窓から眺められた。

毛布にくるまりながら、無言の宇宙からの通信に感動し眠れなかった。

その夜私はイヌイットの男をアル中と勝手に判断したことに心を痛めていた。

その男は如何なる人物だったのか、どうして私の後を追い、親切にオーロラを告げにきたのか、いまだ謎のままである。

三　カナダ

文明化したイヌイットの暮らし

カナダ、イヌイットの町へ

マニトバ州ウィニペグから小型飛行機でハドソン湾に面したランキン・インレットへ飛んだ。二〇一七年五月のことである。

北緯四九度から北緯六三度へ、眼下にはただただ白い地球が広がるばかりだ。森と水といった緑や青、あるいは花々の艶やかな色彩といった生命《いのち》の気配がまったくない。森林限界を超えて平坦な凍原（ツンドラ）地帯が続くばかりだった。

もはやここは極北の少数民族・イヌイットが暮らすエリアだ。点在する村（コミュニティー）は孤立しており、その間は一〇〇キロ、二〇〇キロと離れており、今も移動手段は犬ぞりしかない。

この地に白人がやってきたのは一七世紀のことだった。

当初は東アジアとの交易をめざす「北西航路」を拓くためだったが、沿岸のクリー族との毛皮貿易に成功すると、イギリスとフランスのビーバー争奪戦となった。当時、ビーバーの毛皮はフェルト紳士帽の高級素材となり、東洋の香料と並び巨利を生むお宝だったのだ。

白人はこの地に銃と酒と病原菌をもたらした。

ビーバーの皮と引き換えに酒を売り、現地の女たちと交わった。

もともとこの地に酒はなかった。寒冷な気候のため、穀物はとれず、酵母が育たない。酒に誘惑され、魂を抜かれたイヌイットは労働意欲をなくした。毛皮を容易に手にできる銃はすぐさま欲望の対象となり、奪い合いがはじまった。一方アザラシ猟のために氷原をさまよう男たちの生存リスクは大きい。残された女たちを守り、子孫を残すために性道徳は緩かった。外から入った病原菌（梅毒など）はたちまち集落に蔓延した。

毛皮を捕り尽くした一九世紀の終わりころ、金鉱の発掘が相次いだ。極北の地はふたたび一攫千金を夢見る男たちの野望の地となった。

毛皮と金鉱——新来の白人らの欲望によりそれまでの温和なイヌイットのコミュニティー社会は崩れていった。

ランキン・インレットの町はそうした歴史的背景を象徴している。

極北の海辺の地に、一九五〇年代、ニッケル鉱山が発見されてブームタウンとなった。白人が押し寄せ、周囲の集落からも職を求めて人々が集まってきた。人口は四〇〇〇人を超え、ヌナブト準州では第二の町に発展した。しかし、一九六二年、鉱山の閉鎖とともに、人口は半減。今はイヌイットの静かな町に戻っている。

文明化したイヌイットの暮らし

港へ行った。

港（と、言っても雪原）を見下ろす高台にかつての鉱山会社が廃墟のように聳えていた。港に向かって並ぶ家々は簡易倉庫のようで味気ないが、頑丈な二重扉は厳冬期の寒さに耐えているようである。ここではマイナス二〇℃は日常だ。

ホテルの食堂には昼間から男たちがたむろしている。

仕事もなくただ談笑しているだけだ。煙草を吸わず、酒も飲まず、頑丈な髭面の体軀の男たちがただ集まり話し合っている姿はなんとなく異様だ。女たちは買い物にバギーカーを乗り回す。超肥満の女性が多く、バギーカーと身体がヤドカリのように一体となっている。女たちは半世紀も前に歩くことを忘れたようだ。

サイモン・カマックを訪ねた。

狩猟ツアーを約束してくれたイヌイットの男である。奥さんのエイリーンと道角まで出迎えてくれていた。

懐かしい顔であった。アジア・モンゴロイドの顔である。

ずんぐりむっくり、髪は黒く（今は白髪だが）、顔は平たく浅黒い。ただ日本人とは異なり、肩幅ががっしりと広く、腕は丸太のように太く、鼻は大きな鷲鼻……アイヌに近いのではないか、と思った。

「今の季節はアザラシより、カリブー（森林トナカイ）のほうが確実だ。南から大群が近づいている」

玄関前にはスノーモビルが、上り框《かまち》には銃が置かれ、すでにいつでも出られる準備がしてあった。

家は西洋風の4LDKでわれわれの住宅と変わりはない。広い玄関は物置となっており、アノラックやザック、毛皮靴が無造作に置かれている。食堂のテーブルには大皿にフライドチキンが盛られ、誰もがすぐに手が延ばせるようだ。ソファの上の壁には家族の写真がアルバムのように掲げてある。

「ほら、この人がおれの父親、フセインに似ている、とよく言われるよ。これが父母の最初の家、板張りの木造小屋で寒かった」

近郊のアーヴィアアットで生まれ、少年時代から父親について猟に出た。

「学校に行ったのは、生涯たった二時間だけさ」

と、何やら本気で自慢げだ。

サイモンは現在七〇歳、運送業で成功した稀なイヌイットだ。三〇年前に私財をはたき、ボンバルディア（雪上車）を購入し、コミュニティー（集落）間の人や荷物の運搬で身を立てて成功した（前述したが各コミュニティーは一〇〇キロ離れ、犬ぞりしか交通手段はない）。白人に頼らないイヌイットの事業主だ。

一方、エイリーンは曾祖父が英国人という混血女性で五九歳、色白、長身。教育ママゴンのような威厳がある。先祖代々シャーマン（祈禱師）の家系だった。シャーマンは集落のリーダーであり、牧師以上に尊敬された。シャーマンに呪いをかけられた人間は「岩になったり」、「死んでしまう」と恐れられた。州立大学を卒業し、CBC（カナダ国営放送局）に長らく務め、キャスターとして活躍。きれいな英語を話し、教養と国際感覚を身に着けた熟年女性である。

サイモンの妹が仲立ちになり、二人は見合いして結婚した。

「イヌイットは昔から家族と家の絆が固く、親戚とのつながりが濃い。今は白人と同じになってしまったから離婚が多いんだ」

サイモンは顔を傾げて寂しげに言う。

全世界でイヌイットは約一二万人。カナダ、グリーンランド、アメリカ（アラスカ）、ロシアの四ヵ国に分かれて住み、カナダでは二万五〇〇〇人ほどが暮らしている。同じ民族が四ヵ国に分断される、という悲運な歴史を背負い、それぞれの国で言語や習慣が微妙に異なっている。
サイモン夫妻にイヌイットに関わる古典的な質問をしてみた。
「生肉を今でも食べるのか？」（エスキモーとは「生肉を食べる輩」の意味）
——もちろんさ。アザラシもカリブーもうまい。魚も生で食べる。焼いたり、煮たり、調理すると味を損なう。生肉は体が温まるし、脂身をつけて食べるとくにおいしい（サイモン）。
「起床、就寝、食事の時刻は決まっていない？」
——昔は起きたい時に起き、食べたい時に食べたけど、今はすっかり西洋風ですよ。ただし、テーブルの上にはいつでも誰が来ても食べられるようにお料理を置いておく習慣は変わらないですね。（エイリーン）
「入浴、歯磨き、洗顔はしない？」
——それも昔の話です。でもサイモンはもう歯がないので、磨けません！（エイリーン）
「アルコール中毒者が多い？」
——昔は多くの男がアルコール中毒で死んだ。最近はそれほどでもないがいなくもない。

去年、クリスマスに急性中毒で三人死んだ。町に酒屋はないが入手の方法はある。政府は容認している。（サイモン）

「金に執着しない？」

——ははっ、それも昔の話だ。今は白人と同じ。おれもボンバルディアで儲けた。（サイモン）

「宗教はシャーマニズム？」

——いいえ、皆キリスト教徒です。わたしたちは英国国教会で、この町にはカソリック教会もあります。今の多くのイヌイットは私たちの親の世代にキリスト教になりました。カソリックとアングリカン（英国国教会）が対立しながら共存しています。日曜日は神様に捧げる安息日で仕事をしてはいけません。（エイリーン）

「地球温暖化について、感じるところはあるか？」

——夏が長くなっており、氷が早く解ける。昔は一〇月に海が凍り始めたが、今は一二月だ。郊外に別荘があり、前はスノーモービルでそのまま行けたが、今では途中から海水になるのでヨットと併用しなければならない。（サイモン）

「ホッキョクグマは減っているか？」

——いやあ、むしろ増えている。昔は珍しかったが、今はしばしば見かけるようになった。もともとイヌイットの食糧だったが、今は政府が保護している。この地域では年間一〇頭までと捕獲制限されている」（サイモン）

子供に恵まれなかった夫妻は、驚いたことに五人も養子をとっていた。長男は白人とイヌイットのハーフ、次男、三男は北米先住民族、四女はイヌイット、五女はイヌイットと北米先住民族のハーフ。

国際色、民族色豊かな組み合わせだ。日本人の家族では考えられない。

「もともとイヌイットは大家族主義なのです。養子は普通のことです。子供がたくさんいて楽しいですよ」（エイリーン）

いかにも移民の国、カナダ人の発想である。多種多様な異民族がここでは親と子となって家族を作り一緒に暮らしている。

ヌナブト準州はイヌイットの自治州で誕生したのは一九九九年のことだった。人口は約三万人。面積は二〇〇平方キロ、人口密度は〇・〇二人／平方キロ。ほとんど超過疎地帯である。

それまでの連邦国家の権限を先住民族に分権したことは世界でも画期的な出来事だった（たとえば日本の明治政府はアイヌを長らく〝土人〟として扱い、和人と同化させて激減させてしまった。正式に先住民族と認めたのは二〇〇八年のことである）。

およそ一万年前、ベーリング海峡が陸続きだった頃、シベリアの一部の民族がこの地へやってきた。以来、彼らは狩猟採集、移動生活の厳しい暮らしを送ってきたが、白人の来訪により、その欲望の前に犠牲になった、という歴史的背景がある。ヌナブト準州の誕生は白人側の反省とイヌイット側の願望がかなえられた結実といえるだろう。

ヌナブトとは現地語で、「私たちの土地」という意味だ。カナダ連邦政府が国土の五分の一を占める広大な地を彼らに委ね、福祉、住宅などでの人権の保護、扶助を約束したことは理想の国づくり、とはいえないだろうか。アメリカ合衆国は先住民族を激減させ、居留地に封じ込めたが、カナダは互いに助け合って生きる道を選択したのである。

この夫妻の生き方こそ、新しいカナダの、否人類の未来ではないか？

生肉、生魚をおいしい、と感じるのは世界でもイヌイットと日本人しかいないだろう。そう思うと、同じモンゴル草原の彼方からやってきたイヌイットに同族の親しみを覚えてしまう。

ホッキョクグマはイヌイットに〝偉大な、真白き、放浪者〟と呼ばれ、尊敬された。イヌイットはホッキョクグマの肉を食料とし、毛皮を衣類に利用した。しかし、そこにはイヌイットとホッキョクグマは対等、生死を賭ける相手という互を尊重する狩猟スピリットがあったのだ。

ホッキョクグマとイヌイットがどうしても重なってしまう。

ホッキョクグマは今、地球温暖化、環境汚染のただ中にあり、その将来の安全な存続が案じられているが、イヌイットももともと移動民族だったが定住化を強制され、文明という箱に封じ込められ、もはや伝統文化が失われつつある。

彼らにはもともと西洋文明は無縁だった。しかし、今彼らは各国の法律に従い西洋文明のなかに暮らしている。肉や野菜をスーパーで購入し、電子レンジで料理を作る彼らはもはや各国政府の保護下に置かれているのである。

前述したがイヌイットは世界に一二万人、ホッキョクグマは約二万頭しか暮らしていない。

希少動物の幸福な未来、少数民族が犠牲とならない国際社会は、果たして保証できるのだろうか?

ランキン・インレットで見た光景を報告しておこう。

港に近い岩山の片隅に廃棄物が山積みとなっていた。気温が低いためここではモノは腐らず、ゴミは永遠に保冷保存されている。

生ごみ、ビニール、クルマのタイヤ、錆びついた重機、壊れたスノーモービル、住宅資材など、ここはゴミ処理所ではなく、ゴミ放棄場であった。ゴミは焼却されたり、土に戻ることない。もはや行き場がないのだ。

カモメが空中に群れて鳴き、少しばかりの生ゴミを漁っている。

それはかつて東日本大震災の折り、三陸の港で見た津波の残した風景と同じであった。

イヌイットのサイモン・カマック夫妻。ハドソン湾に面したランキンインレットで

6 シベリア

シベリアの初夏をゆく

列車の窓から

長いアムール川の地下トンネルを抜けると緑の湿原が広がった。ハバロフスクから乗った極東鉄道の車窓である。極東鉄道（ヴォロチャーエフカ・ジョムギ線）の列車はハバロフスクからコムソモリスク・ナ・アムーレを経由してタタール海峡に面したソヴェツカヤ・ガバニへ向かっていた。

曇り空を写して鉛色の湖沼群、白樺、落葉松の混生林が現れた。この辺り、アムール川の作る低湿デルタ地帯である。林間の道はところどころに水溜まりがあり、巨大なトラクターの残した轍《わだち》のようにうねっている。

小雨が降りはじめ、周囲は乳白色の霧に煙っている。

列車が止まった。

ДЖАРМЕН（ジャルメン）と、駅標識があった。

積み木細工のような白とクリーム色の小さな駅舎だった。

駅にはほとんど人影がなく、恋人同志だろうか、若い女性の駅職員と軍服姿の若者がホームのはずれでもの静かに語り合っていた。どこかでウグイスの鳴く声がした。五月中旬のことで、初夏はもうそこまで来ており、落葉松《からまつ》の葉はもはや芽吹いている。しかし気温はまだまだ低い。

発車の警笛もなく列車はノロノロと走りはじめた。

無彩色の世界に白樺の幹の白さだけが異様に浮き立って見える。

ふと昔見たソヴィエト映画、『僕の村は戦場だった』を思い出した。主人公のイワンの少年時代そのままのようなロシアの光景だ。白黒の画面いっぱいに広がる霧深い湿原の沼の、底知れぬほど空虚な広がり。またそれとは対象的に印象派の絵画のように美しい白樺林……。暗と明の二つの世界の混沌がロシアそのままの現実を映し出しているかのようだった。

ハバロフスクから西へ、イルクーツク、モスクワへと向かう列車がシベリア鉄道で、こちらは外国人旅行者も利用して知られているが、アムール川に沿って北へ向かうこの極東鉄道は、まったくの地方鉄道で、全線乗れば二泊三日の長距離鉄道だが、地元の人しか利用しない。列車は一七両の長大編成で、車体は緑、黄色の帯のある重量級のディーゼル機関車が二台で牽引していた。客車には座席車はなく、すべて寝台車で、三段ベッドの開放式寝台車と二段式ベッドのコンパートメント（個室）だ。ほかには食堂車と荷物車がついていた。

私の乗るコンパートメントではヴィクトル・ミハイロビッチと同室だった。ヴィクトルは髭面の頑強な体軀の山男……懐かしい顔だった。ハバロフスク郊外のサンボリ村に暮らしている。今わたしたちは彼の村へ向かっている。

生き馬の眼を抜くようなモスクワの暮らし

歴史現場をリアルタイムで体験したことはあまりない。

およそ三〇年前となる一九九一年、当時ソヴィエト連邦だった時代の「八月クーデター」を私は珍しく体験した。

「八月クーデター」は共産党右派勢力によるもので、当時書記長だったゴルバチョフが休養中のクルミアで監禁され、一時はどうなることか、と世界中に激震が走った。米ソが長らくの冷戦を解消し、世界は新しい局面に踏み出したところだった。モスクワは混乱状態となり、戦車に乗ったエリツィンが市民とともにホワイトハウスに向かって抗議した。結局、クーデターは〝三日天下〟で終わったが、クーデター騒ぎの直後、私はモスクワ、レニングラード（現在のサンクト・ペテルブルグ）を取材して歩いた。週刊誌の仕事で、動乱最中のソ連人たちの〝肉声〟を集めて記事にすることが目的だった。

大学時代にロシア文学を専攻したから、久しぶりに燃えた仕事だった。卒業して以後、ロシア語が仕事になったのはそれまで一度たりともなかった。

憧れのモスクワだったが、しかし街はすっかり荒廃していた。食料も生活物資も少なく人々は疲弊していた。夜明け前からパン屋には市民の長い行列ができていた。滞在した国際ホテルでもまともな食事にはありつけず、朝は黒パンとゆで卵が置いてあるだけ。昼食を出す街の食堂も品切れ店仕舞いが多く、ポケットに隠しておいた朝食の残りの固い黒パンをかじりながらゴーリキー通りを歩いた。

モスクワは生き馬の眼を抜くような凄惨な風景の中にあった。街頭に群がる失業者、スリ、ひったくりが横行し、外国人を見ると「ドル、チェンジ、マネー、チェンジ」と片言の英語をしゃべる闇ドル屋がついてまわった。

労働者、学者、学生、駅員、娼婦、さまざまな職業の人々に「ソヴィエト連邦の今、未来」についてインタビューしたが、この時誰からも一人として「希望への道」は語られなかった。

ある学生は「政府をアメリカに売るべきだ」と真顔で話した。学生は現ソヴィエト政権に国を運営する能力はない、と断言した。老いた農夫は「集団農場の牛が毎日病気で死んでゆくのに、誰も自分の牛ではないから面倒を見ない。今月だけで五〇頭死んだ」と嘆いた。また労働者の一人は「スターリンのような強い、権力者が必要だ！」と、声を荒立てた。彼にとってゴルバチョフは「禁酒・禁煙」の権化にほかならず、ロシア人を骨抜きにしようとするアメリカ政府の傀儡《かいらい》にしか過ぎなかった。春をひさぐ仕事が水面下で若い女性を惹きつけていた。ホテルで外国人の客待ちをする二一歳の女性は夫に隠して夜の商売を続けているが、「思うほどお金はたまってない」と打ち明けた。彼女は週に九〇〇ドル稼ぐが、九〇〇ドルとはこの国で、労働者が一〇年間働く給料の総額とほぼ同額である。しかし、彼女にとっては西側ブランドのイヴニングドレス一着分にしか値しない。

ドストエフスキーの小説『罪と罰』のヒロイン、ソーニャは貧乏な家族を支えるため娼婦をしながらも心は純情可憐だが、二〇世紀末のソーニャは、祖国を捨ててパリにゆきファッションモデルになることを夢みていた。モスクワの女子中学生の「将来希望の職種」のアンケートでは、人気職業のトップが娼婦で、二番目がファッションモデルであった。

古都スズダリからモスクワへの帰り道、夜の国道を走っていたときのことだ。反対車線に死体が転がっていた。交通事故なのだろう。ぶつけたトラックは横づけになり、道路を大きくはみだして停車していたが、しかし、そこには加害者の運転手も、看護に駆け寄る人も、現場を検証する警察官の姿もなかった。人間の肉の塊がただ無機質に深夜の国道に置き去りにされているだけなのだった。

ドライバーはそれを見ても、表情ひとつ変えず、無言のまま、速度を落とさず通り過ぎていった。

衣食足りて礼節を知る――とは、こうした歴史の証言だったのか、と思った。

ゴルバチョフの推進したペレストロイカとそれに続くグラスノスチは、暗いブレジネフ時代の社会主義体制の重圧から人々を解放し、明るい民主主義へ躍動する希望が感じられた。だが、取材当時のモスクワはゴーゴリの描いた〝死せる魂〟のような架空の屍が、夜の巷に蠢《うごめ》いているように映った。

日毎に現地通貨のルーブリが紙屑同様になっていった。

国が破れる、というのはこういうことを言うのか、と痛感した。

食堂車でウオッカを飲む

ロシア文学をかじった者には信じられないモスクワの「声」だった。

ロシア人は長らく帝政下で半奴隷生活を余儀なくされてきた。ロシア革命はそうした過酷な状況に労働者、農民が立ち向かい皇帝、軍隊を叩きのめしたのである。世界ではじめて働く者の国家が誕生したのだ。ロシア人はたやすくは倒れない。大地に根差した野太いパワーが今も息づいているはずではないか、と思った。

一週間の取材ののちモスクワからハバロフスクへと飛んだ。極東のハバロフスクはモスクワからの帰国の途中にある。日本に近い極東に住むロシア人の声もききとるべきだ、と思ったからだ。

「辺境に真実がある」――という宮本常一の言葉を思い出していた。

そこで当時のインツーリスト（国営旅行会社）に依頼し、どこかハバロフスク付近の村でホームステイできる民家を探してもらっていたのだ。

インツーリストはヴィクトルという名の森林保護官を紹介した。

今でも最初の出会いは忘れない。

「イズビニーチェ、パジャールイスタ」（ちょっくらごめんよ）

男はノックと同時にのっそりと部屋に入ってきた。

アムール川の川面を望むハバロフスクのインツーリストホテルの一室だった。プロレスラーのような頑丈な体軀、胸まで伸びる顎髭、分厚く、熊のように毛深い掌。小さな瞳がくぼみの泉のように光っていた。デルス・ウザーラの登場か、と思った。

「パハジーチェ」（さあ、行こう）

そのまま男に連れられ、ハバロフスク駅から長大編成の夜行列車に乗せられ、男の住む原野の開拓村へと向かった。まるで誘拐されたようだった。しかし、そこで過ごした一週間は私にとって生涯忘れられない思い出となった。

あれから何年経っただろうか。

その後のロシアが気にかかり、今回は二度目の訪問となった。手紙を事前に出していたが返事はなく心配していたが、旅行の直前になって彼から「待っている」という国際電話があったのだ。

新潟からアエロフロートの小型飛行機に乗って約二時間。ヴィクトルはハバロフスク空港まで出迎えに来ておりそのまま二人は列車に乗り込んだ。

列車のコンパートメントは二段ベッドになっており、薄汚れたシーツと毛布が用意されていた。ここでは日本のように列車の運行に合わせて寝具を取り替えたりはしないようで、おそらく一週間くらいはそのままで使っているのだろう。ロシア人は露営するのと同じように、上着を脱いでそのまま眠り、日本人のように夜着に着替えたりはしない。シーツの清潔さにはさほど関心がないようだ。

「クーシャチ、パジャールイスタ？」（何か食うか）
と、食べるジェスチャーをして、ヴィクトルはわたしを食堂車へ誘った。
いつまでたっても変わらぬ風景に、いささか飽きてきたから、ちょうどよい頃合だった。
通路をたどり食堂車に行くと、レストランはガランとしており、二人の中高年の夫婦しか同席者はいなかった。見るからに愛想の悪い、太った女性車掌が、フンと顎をしゃくり上げて粗末なメニューを持ってきた。車掌や列車のクルーは国家公務員。ほとんどが中年の婦人で、皆、警官のように威張っている。ソヴィエト時代と変わらぬ横柄な対応である。この国にはそもそもサービスという概念がない。
ヴィクトルは女性職員にちょいとウインクして、
「ウオッカ、パジャールイスタ」（ウオッカを頼む）
と、言い、
「ここは高いから」と呟《つぶや》き、パンとスープだけを加えた。
「ナ・ズダロービエ！」（乾杯）
再会を祝して、杯を合わせた。

思えば、よく飲んだものだ。

ウオッカは味わって飲むものではなく、一気に飲み干す酒である。

ヴィクトルの酒豪ぶりは三年前とまったく変わってはいなかった。

ロシア人にとってウオッカは友情の証しである。一気に飲み干さないと〝信頼関係〟が築けない。

「イッキ!、イッキ!」と日本の流行り言葉を発しながら、村人たちと杯を重ねたサンボリ村での記憶が甦った。

思い出のサンボリ村

サンボリ村はハバロフスクから一二五キロ離れている。

神が無辺の荒野に、天から落とした一滴の泉のような小さな美しい村であった。

タイガ（シベリアの針葉樹林帯）の片隅に、そこだけわずか六〇〇戸くらいの人家があった。

森林伐採の前線基地として生まれた開拓村だ。

戦後日本の田舎を再現したかのような懐かしさのある村だった。

土埃の立つ未舗装の道路には電柱が斜めに立ち、タイガの森は深く村を囲んでいた。村外れの林の梢にはカラスの営巣する姿がそのまま見えた。農作業に励む老夫婦、時代遅れのサイドカーに跨がり工場へむかう男たち。パンを抱いて家路を急ぐ村の少女たち。共同井戸から水を運ぶ少年たち。村人たちは自然の恵みの中で、慎ましく暮らしていた。

モスクワを一万キロ離れたこの村では、時がゆったりと流れている。

村人はそれぞれの畑を耕し、牛や豚の家畜を飼い、リンゴの果樹園をもち、自給自足の生活に励んでいた。何よりもあの人を威圧するかのような重厚な共産党の建物がないのが気に入った。

ヴィクトルは森林保護官である。密猟を監視し、タイガの森を管理する。給料はわずかだが、その代わりパンや食料の配給があり、彼には熊や鹿の肉や毛皮、鴨や魚をとる自由な権利がある。紙屑のようなルーブリよりもここには豊饒な大地の恵みがあった。

奥さんのリューダは読書好きのインテリで、かつては細身の美人だったのだろうが今はお腹がいささかたっぷんとしている。勤勉な女医さんで村の病院に通っている。

モスクワに比べると、村の食料事情は信じられないくらい豊かだった。リューダが最大級のもてなしをしてくれたのだろうが、朝食は、生鮭、イクラ、カルパスと呼ぶ生のサラミソーセージ、うで卵、キューリのピクルスなど。それらを黒パンの上にのせバターをたっぷりつけると上等なカナッペとなった。さらにスープはボルシチ、あるいはウハー（魚汁）。すべてが地元原産で自家製。朝からウォットカが飲みたくなる気分だ。

昼はリューダの手作り家庭料理で、ペレメニ（シベリア風ギョウザ）、ピロシキ。そして夜は鹿肉のステーキや鴨肉の燻製のご馳走が続いた。

飢餓状態のモスクワが嘘のようで、同じ国とは思えぬほど暮らしは満ち足りていた。

毎日、ヴィクトルと村のお仲間たちと釣りや狩りに出かけた。

川ではレノック（小口鱒）やグレイリング（川姫鱒）、タイメン（イトウ）を釣り、あるいは山中に深く入り、熊、鹿を撃った。

釣りや狩りは森林保護官であるヴィクトルの専門職で、彼の主務は密猟者の監視や山火事の防止など森林の管理保護だ。一方で、外貨稼ぎになるクロテンを撃ち、その皮を地方官僚に献上する、という矛盾する義務もあった。その代わり熊や鹿は自由にしていい、という〝秘密契約〟なのだろう。官僚は正式に彼に狩猟のライセンスを与えている。

村の教会は閉じたままだったが、あの心が清く、義理堅く、頑強な一九世紀ロシア文学の主人公たちがいきいきとそのまま暮らしており、働く喜びを共有し、母なる大地への尊敬もここでは忘れられていなかった。

村民にはモスクワの中央権力に対する反発が根強くあり、もとより働く気のない都市労働者たちやストライキばかりに励む炭鉱労働者らを軽蔑していた。

「モスクワなど糞くらえ！」

が村民の合言葉だった。

「日本と組んでシベリア共和国を立ち上げようぜ」

そんな冗談も聞こえた。

モスクワでの滞在が嘘か、と思えたものだった。中央の貧困さと地方の豊かさ、まるでこの国が同じとは思えなかった。

——国滅びて、山河あり。

ロシアに母なる大地は残っていた。この豊かな山河があればロシアはきっと更生できるだろうと確信した。

激動するロシア

その後ロシアは凄まじく変動した。

復帰したゴルバチョフは共産党を解体し、事実上ソヴィエト連邦は崩壊した。レーニン以来、七〇年間続いた社会主義の大国、東西の二大勢力の一雄として世界に君臨してきたソヴィエト連邦があっという間に消滅してしまったのである。

しかしゴルバチョフの政権は長くは続かなかった。ロシア共和国大統領にエリツィンが就任し、エリツィンがリーダーシップを握った。リベラルで女性に人気のあったゴルバチョフより男らしく大酒呑みのエリツインを大衆は支持したのだ。ウクライナ、ジョージア、ベラルーシなどの共和国が次から次へと連邦から独立した。結局、ゴルバチョフは退陣せざるを得なくなったが、心臓病を抱えたエリツィンは当初の活力と人気を長らくは保てず、KGB出身のプーチンを後見人として立てたのであった。

ロシアのニュースは次々に東京へと送られてきた。ロシア正教が復活し、ロマノフ王朝時代のワインが発見され日本企業が買い占めたこと。モスクワのマクドナルドは相変わらずの人気で、二号店、三号店がオープンしたこと。東欧へ買い物ツアーに出かけたある村のグループが、途中で仲間が心臓発作で死んでしまったのに、旅行を中断せず、死体をバスに乗せたままで、買い物狂いをして帰って来たこと。一方、政治面では七〇年振りに総選挙がなされ、プーチンが国民投票で大統領の座を獲得した。

プーチンはラッキーだった。

ロシアはもとより石油、天然ガス、鉱物など世界トップの資源国である。二〇〇〇年に大統領に就任すると、翌年アメリカで無差別テロ攻撃が起こり、続いてアフガン戦争がはじまると、一気に原油価格が高騰した。石油を国家最大の輸出品目としていたロシア経済はいきなり好転することになる。さらに天然ガスは欧州に海底パイプラインを通して輸出。欧州各国はロシアの資源に依存することになった。「強い大統領、強いロシア」をスローガンとしたプーチンは長らく低迷したロシアの民衆の心をつかんだ。

白樺の森

ゆっくりと列車は止まった。

ЛИТОВКА（リトーフカ）と読めた。リトアニア人が開拓した村なのだろうか。それまでのプラットホームだけの寒駅とは、すこし様子が異なり、巨大な劇場のような駅舎が広場の中央に聳え建っていた。共産主義の時代に、この村から上層部の党員が出て、いたずらに〝権威〟を主張するために建てたものだろうか。

ホームには露店市のような小屋が立ち、付近の村の年寄りたちが、ピロシキや牛乳、ギョウジャニンニクなどを売っていた。

列車交換なのだろう。乗客はホームに出て、背伸びをしたり、売店から昼飯を仕入れたり、三々五々集まって、話の花を咲かせている。のんびりと、ゆったりした時間が流れていた。

前回もこの駅で長い停車時間があったことを思い出していた。

少年たちが、バイクを自慢気に広場に並べ、好奇心いっぱいの表情でこちらを見ていた。

「ヤマハ、カワサキ！」と指をさして言ったら、どっと笑いがこぼれた。

ジーンズにサングラス、首からオートマチックカメラを下げた私は〝あこがれの文明社会〟のスターのように見えたのだろうか。少年たちの熱い視線が背中に刺さるようであった。

世界がスタンダード化した今、事情はすっかり変わっているだろうが、当時日本は高度成長からバブル経済のころで、GDPは西ドイツを抜いて世界第二位に躍り出ていた。クルマ、カメラ、バイク、ウォークマンは全世界を制覇するかのごとくだった。

ふと、かつてのアメリカ進駐軍への憧れを思い出していた。

戦後間もない頃のこと、私は名古屋に暮らしていた。大須という東京でいえば浅草のような下町で育ったが、その近くに広い空き地があり、アメリカ進駐軍のキャンプがあった。今は白川公園と呼ばれて、プラネタリウムや美術館のある公園となっているが、当時そこは〝アメリカ村〟と呼ばれていた。

ゲートには銃を持った憲兵が立ち中には入れなかったが、フェンスを通して、アメリカ村の全貌は眺められた。

緑の広い芝生のある白い家、赤い大きなオープンカー、庭にはジーンズやスポーツシャツが干され、大きな犬が家の中で飼われていた。フェンスの向こうには、テレビ映画で見るような、明るい、豊かなアメリカがそのままあったのだ。

学校の帰りに私たちはアメリカ村をよく見に行った。おそらくそこは将校クラスの駐屯地だったのだろう。スポーツマンらしい中年の男たちが、チョコレートやキャラメルをくれたものだった。学校では〝アメリカ村見学〟は禁止されていたが、わたしたちは「サンキュー・ベーリー・マッチ」という覚えたての英語を使って、言葉が通用するのを楽しんでいた。

一九九一年のその時、オンボロの国産バイクに乗る少年たちは、何のくもりもなくあの時の私たちと同じように物資の豊かさに憧れていたのだろう。ＹＡＭＡＨＡ、ＨＯＮＤＡ、ＫＡＷＡＳＡＫＩは彼らにとっては夢のマシーンだったからだ。

タイガを走る

ディーゼル機関車の引く貨物列車と交換すると、列車はまたノロノロと走りはじめた。リトーフカを過ぎると、いよいよタイガの深層部へと列車は進んだ。タイガとはシベリア地方一帯の針葉樹林帯と辞書にはあるが、ここでは白樺や櫟《くぬぎ》などの広葉樹も混じる混生林である。鬱蒼《うっそう》と茂るという感じは今の季節にはないが、春浅い山の中に分け入る一抹の寂しさがあった。

ロシアに生まれ、ロシアしか知らないヴィクトルは一度日本に行きたい、と言う。日本で中古のジープを買いロシアの村にもってきたいようだ。「女もさぞやいいだろう」と言って髭を撫で目を細めた。

ウオッカの酔いが回って、私たちは少々饒舌になっていた。

ロシア文学が面白いのは一九世紀までで、革命後の小説は何を読んでも退屈だった。革命後、文学は政府のプロパガンダの道具と化したからである。一九世紀ロシア文学が今でも生命力があるのは、人生を見つめる真摯な姿勢があり、激動の時代に対しての鋭い洞察や風刺が込められ、大地と共存しながら生きようとする、おおらかな生への礼賛があるからだ。

ヴィクトルによれば、ツルゲーネフは貴族で鼻もちならぬ男、ドストエフスキーは精神病患者、トルストイは尊敬すべき作家だ、そうだ。実に単純で、分かりやすい表現だ。日露戦争については、彼はロシアが日本に負けたとは決して思っていない。

これは極東に住む一般的なロシア人の考え方で、

「あれは皇帝軍（ツァーリ）が朝鮮半島から勝手に撤退しただけのこと。当時の皇帝は革命軍（ボルシャヴィキ）が押し寄せ、それどころではなかった」という理解である。その裏には、

「本気でロシアが戦えば、日本などの小国に負けるわけがないだろう……」

と言った自負がある。

実際、当時の皇帝軍は日露戦争に全力を注げなかった。戦争が長引けば日本にも勝ち目はなかった。ポーツマス講和条約は日本側が停戦をセオドア・ルーズベルト大統領に頼み込み彼の斡旋で結んだのである。だからロシアは賠償金を払わなかった。ロシアは負けた

とは思っていなかったからだ。

北方四島に関しては、

「あれはもともと君たちの島だから、奪い返したらどうか」

と冗談めかして言った。

ヴィクトルは、そんな政治談義よりも、村の現実的な暮らしの方が心配であった。

「ミョート、ニハラショー」（蜂蜜は良くない）

「ニェーフチ、ドーラガ」（石油は目茶高だ）

副業の養蜂はうまくいっておらず、政府の買値がさがり実収入は半減した。ガソリンは高騰して暮らしはひどくなるばかりだ、と訴えた。

社会主義の七〇年間、人々は経済観念をまったく持たなかった。国民はすべて公務員で、貧しいながらも生活費と食料は保証されていた。競争原理はなく貨幣経済もほとんど育たず、世界の情報からまったく閉ざされて暮らしてきた。

ゴルバチョフは、世界にその貧乏の「恥じ」を晒し、「たてなおし」（ペレストロイカ）を計り、国民に「情報を開放」（グロスノスチ）した。エリツィンは搾取してきた周辺諸民族を切り離し、整理し、自分たちのロシアだけでやってゆこう、と計った。
しかし、共産主義の純粋培養で育てられた赤児のような辺境の村人たちは今も強いロシアの幻想を捨ててはいない。世界を二分してきた民族としての誇りがある。
サンボリ村の人々は、自らの手で築いた開拓の歴史と、モスクワに頼ることなく自分たちでサバイバルできる自信を持っている。ここには大いなる大地の恵みがあり、汗と収穫の意味を村びとたちは知っている。だから働くことを忘れたモスクワの労働者には我慢がならない。都市部の連中はオブローモフのように、何もしないで、インテリぶって、天を仰いで、ただ西欧の援助を求めているだけだからだ。
ヴィクトルが望むのは、強くて、輝かしく、誇りある国家である。アメリカや欧州に媚びないロシア人の政府である。
「コミュニスト、フージェ」（共産党は最も悪い）
「エリツィン、プローシェ」（エリツィンは次に良くない）
「ロマノフ、プラホーイ」（ロマノフ王朝も良くない）
ならば、

「誰が……？」

という問いには、ビクトルはあんぐりと口を開けたまま黙ってしまう。

そうした背景からプーチンが登場したのであった。

プーチンは大統領になると、彼は自らがイヴァン雷帝の生まれ代わりのごとくと思ったのだろうか、エネルギー大国を背景に、全体主義、国土拡大を宣言して強いロシアを立て直した。ウクライナへの侵略は彼の強いロシアの復活宣言だったのだ。

車窓には相変わらずタイガの森が続いていた。

美しい白樺の林に、紫色のヤマツツジが一面に咲いていた。

列車はゆっくりと、落葉松の林をカーブした。

——もうすぐサンボリ村だ。

シベリア地方、タイガに囲まれたロシアの村

7

中国・新疆

シルクロード、辺境の食卓

シルクロードの出発点、西安へ

シルクロードは古代の「絹の道」である。ローマと長安を結び、九〇〇〇キロに及ぶ長大な通商の道で、西方からは陶器、香料、毛皮、ガラスなどが運ばれ、東方からは絹や茶、青銅器、麺が運ばれた。ちなみに胡瓜《きゅうり》、胡麻《ごま》、胡弓《こきゅう》、胡桃《くるみ》など「胡」という漢字はえびす（異国）を著すが当時はペルシャから中国へもたらされたものである。

シルクロードを行き交った隊商の交易の足跡はユーラシア大陸を網の目のように張り巡らされている。〝民族と文化の十字路〟という表現は、この道の歴史の深さ、文化の多彩さを表わしている。

一方シルクロードは〝風の道〟でもあった。天山《テンシャン》山脈、崑崙《コンロン》山脈から吹き降りる風は各所で〝風庫〟と呼ばれる風の名所をつくった。砂漠の風は激しいが、一方で優しい風もあった。西方から文化を運ぶ風である。ローマからは景教（キリスト教）、アラビアからは回教、インドからは仏教が東方にもたらされた。西域のあちこちで仏像が彫られモスクが建った。そういう意味でシルクロードは〝祈りの道〟でもあったのだ。砂漠を海に例えれば、ラクダは船であり、町は港だった。風は旅人たちをオアシスの港へと運んだのである。

西安駅に降り立った。

空気がピーンと張っている。二〇〇九年一一月のことだった。

西安（長安）は歴史の街である。紀元前一一〇〇年頃に西周がここに都（豊京）を定めて以来、秦、漢、唐など一三王朝の都であり、中国の長い歴史の中で燦然と輝く古都である。とりわけ全盛期の唐の時代には、シルクロードの中心都市となり、東洋（中国）の文化と西洋（ローマやペルシャ）の文化はこの街で交わった。当時でも人口は一〇〇万人を越える世界第一の国際都市だった。

歴史の重さは街の中心部をぐるりと取り囲む城壁が象徴している。現在の城壁は明時代のものだが、唐の時代には九倍の広さがあったといわれる。

城壁内に立つ鐘楼は高さ三六メートルという堂々たるものだ。ここから市街を眺めると、都を走る大路がつぶさに眺められ、エンジュ（ニセアカシア）や柳の美しい街路樹にかつて李白が謳った長安の詩情がダブッてくる。隣には巨大な鼓楼があり、こちらも威風堂々としており時代の重さを感じさせる。

最盛期、唐の時代には太宗（李世民）、則天武后、玄宗、楊貴妃、安禄山などのヒーロー、ヒロインを生み激動の時代に生きたロマンが今も語り継がれる。市内には玄奘（三蔵法師）ゆかりの大雁塔、義浄ゆかりの小雁塔、中央アジアの市場の匂いを感じさせる化覚巷《かかくこう》、イスラム寺院の清真寺など名所は尽きない。空海ゆかりの青龍寺、阿倍仲麻呂の興慶宮公園の記念碑など日本人ならではの見どころもある。

現代の西安は巨大な現代建築とクルマの洪水である。道行く女性は皆おしゃれで西洋風のファッションに身を包み、ブランドショップで買い物を楽しんでいる。男性はビジネススーツで身をかためて颯爽としており、若者たちは男女問わずジーンズにTシャツスタイルだ。ここでは日本人だか中国人だか区別がつかず、都市感覚は東京、上海とさほど変わらない。

二〇〇〇年の歴史の都はもはやすっかり現代の舞台に代わっている。

名物の西安餃子

西安名物の餃子を食べにいった。

西安周辺では小麦栽培が盛んである。中国では昔から〝南米北麺〟といわれ、長江流域は米、黄河流域は麦を食す、とされている。つまり温暖湿潤の地方は水稲に向き、冷涼乾燥地方は麦栽培に向いているというわけだ。西安は黄河に近く、雨が降らない乾燥地帯だから米作よりも昔から小麦やトウモロコシの栽培が盛んだった。

西安の年寄りは白米はなくても平気だが、麺がなければ我慢できない、という。この場合、麺は小麦粉製品全般のことをいい、小麦粉が皮の原料である餃子も饅頭《マントウ》も「麺」である。日本でいううどんのような麺は一般に「麺条」と呼ばれる。

「徳発長」を紹介したい。西安餃子といえば徳発長というくらい知られた店で、一九三六年の創業。木造宮殿風の四階建ての巨大な建物で、建物自体がまるで重要文化財のような威容さだ。客はなんと一〇〇〇人収容。各階二五〇人まで座れるというから、さすが中国である。日本に一〇〇〇人収容というレストランはあるのだろうか？

一階は予約不要で水餃子が中心。家族や市民が汗をかきながら食事を楽しんでおり、むんむんとする蒸気と人いきれが充満している。私たちは二階のテーブル席へ案内された。こちらは外人観光客が多いのだろうか、静かで落ち着いている。

中国で餃子といえば一般に「水餃子」をさす。日本では「焼き餃子」が主流だが、中国各地では焼き餃子はあまりお目にかからない。水餃子のあまりを保存、焼いて温めて出すのがこちらでいう焼き餃子だ。焼き餃子は祝いの時や大みそかの夜など限られた日に食される。ついでにいうと中国では餃子は主食であっておかずではない。二〇個、三〇個食べるのはフツーのことなのだ。

餃子といえば東北部（旧満州）が有名だが、もともとは山東省が本場で、かつて多くの山東人が東北地方へ開拓移住した。そこで日本軍が占領した時、味、調理法を知り、日本に帰って流行させた。

さてさて徳発長で最初に出された餃子を見て、ビックリ！　日本の餃子とは似ても似つかず。緑色のカエル、ピンクの小鳥、白いサカナ、赤いエビなどいずれも蒸餃子だ。それらが器に数個ずつのっており、まるでお菓子のようだ。餃子の皮に食紅などで彩色されており、中身は豚ひき肉、海老、きゃべつ、ニラ、生姜などの野菜が入っている。西安名物のこの餃子、「餃子宴」と呼ばれ、もとは農家の伝統的なお祝い料理のひとつで、母から娘へと代々伝えられたものだ。あまりにかわいいので食べるのがもったいなくて、箸がなかなか伸びてゆかない。

本命の水餃子は鍋の中に餃子が浮かんでおり、しょうゆだれにつけて食べるのだった。ニンニクが丸ごと生のままお皿で出され、これをかじりながら餃子を食べるという趣向である。西安では形状、餡《あん》の種類を変えて一〇〇種以上の餃子があるというからかなわない。焼き餃子一点張りの日本とは大違い。さすが本場、中国の奥深さだ。

寒い西安では水餃子はとっておきの料理だろう。白酒がまわって、身体が芯から温かくなる。徳発長はかつて江沢民など高名な指導者らが贔屓《ひいき》だったという。西域では珍しく紹興酒もおいてあり外人観光客に人気のようだ。

中国では別れの宴会の時、再会を願って餃子を出すという習慣らしいが、無知な日本人は旅の最初にいただいてしまったのである。

西安近郊にて野ウサギを食す

西安は郊外にも見どころが多い。

都の西方にはかの秦始皇帝陵、兵馬俑《へいばよう》博物館、華清池《かせいち》。一方東方には茂陵、昭陵、乾陵などがある。華清池は玄宗と楊貴妃の実らぬ恋の舞台で有名になった温泉保養地だが、ほかはいずれも代々の王の墓である。

乾陵《けんりょう》は西安西方にある高宗（第三代皇帝）とその妃、則天武后を葬る陵で、小高い丘陵がそのまま墓所になっている。

墳墓への参道の両側にズラリと石人が並んでいる。これはシルクロードの少数民族の要人たちの像とされている。なかには首の欠けた石人もあり、まさか打ち首になったのでは、と驚かされる。

さて、私たちは乾陵付近で「農家楽」なる農家レストランへ行った。というのは乾陵周辺には日本の民宿と同じような兼業農家が多くあり、乾陵に訪れる観光客目当てに宿や昼食を提供していたからだ。ところが季節営業のみらしく訪れたのが冬なのでどこも空いていない。

ただ一軒だけ看板が出ているので聞いてみると、

「主人がいないから」

と、農家の奥さんは接客には消極的だった。

民宿で料理するのは、日本では農家の主婦が普通だが、どうやらここでは男でなければならないらしい。思えば中華料理店の料理人は男ばかりではないか。四〇〇〇年の歴史をもつ中華料理である。家庭料理といえども、ちゃんとした料理作法（大鍋や大包丁を振るう）があり、客をもてなすのは腕力が必要なのだろう。

「お腹が減っているし、ほかにないから」

ちょっぴり強引に頼むと、

「ちょっと待っていてください」

奥さんが表に飛び出していった。優しい人なのだ。きっと主人を呼びにいったのだろう。

間もなく五〇CCバイクに乗った主人が帰ってきて、にっこりと笑い、

「じゃあ、やるかね」

といった風情。

いかにも平凡な村の農夫といった、日焼けした朴訥《ぼくとつ》なお父さんは手が汚れたままで、いままで畑でイモを掘っていたのではないか、と思われた。

農家の居間に通されると、テーブルの上に手書きのメニューが置いてあり、表に「地方緑色套餐類」と書かれている。頁をめくるとコース料理で、「四菜加主食」というものだった。読んで字のごとくで、おかずが四品ごはん付きというところか。

さらにメニューをよく見ると、コース料理のほかに「兎」という字が見つかった。

「これウサギ料理なの?」

両手を耳に立てて聞くと、お父さんは、

「ん、だべさ」

と言うように「ハオ」と答えた。

「これが食べたいんですけど」

どうもグルメの虫は困ったものだ。見知らぬ土地へゆくと珍しいものが食べたくなる。

日本の田舎でも戦前、戦後にはウサギを食していたというではないか。しかし今の日本ではよほどチャンスがないとウサギなど食べられない。

「なんとかならないか？」

と懇願すると、お父さんはしばし沈黙していたが、

「わかった。待ってろ」

とばかりに、また五〇CCに乗り、出かけてしまった。

待つこと一時間。お父さんは片手にウサギをもって凱旋した。数カ所にかけた罠にかかった一兎の野ウサギを山からとってきたのだ。

さて、野ウサギは悲しいかな家の前でお父さんに手際よく解体された。きれいに皮を剝ぎ取ると、まるまったピンク色の肉が現れた。なんとも残酷だがこちらの食い意地にはかなわない。

待つこと三〇分。野ウサギは鍋料理となって出てきた。唐辛子の利いた赤茶色の辛めのスープに野菜とともに骨のついた肉片が浮かんでいる。茹で上がるところころとした肉片は柔らかく、野生の匂いはまったくしない。スープは野ゼリやネギ、ニラの香味野菜と一緒に煮込んでおり、肉汁と合わさって山野のエキスが凝縮しており、冷えた身体にしみこ

んでゆく。

日本の田舎でも、冬の夜長をウサギ汁を囲み、家族団欒の会話が弾んだに違いない。身も心も温まるウサギ汁はふるさとの味だった。運悪く捕まった野ウサギ君には申し訳なかったが恵みの神様には感謝するばかりだ。

ここで「わんこそば」に出会えるとは思いも寄らなかった。というのは、この農家レストランのもう一つの名物が挂麺《ワーメン》で、これは農家の娘さんが客の脇に座り、次から次へと小さな椀に麺をサービスするという、つまり「わんこそば」スタイルなのである。岩手県のわんこそばのルーツは遠く西安だったのだろうか？

ただし、麺はそばではなく索麺《そうめん》で、薄めのつゆには卵とじと青ネギが浮かんでいる。日本のわんこそばのように、なめこ、とりそぼろ、海苔などの添え物はなし。一口で食べると、隣に座った娘さんがスープごと新しい麺を入れてくれる。いささかタンパク源の多いウサギ鍋の後だったから、あっさりしたこの挂麺がことのほかおいしい。娘さんの「もうひとつ！」との愛嬌の声も手伝って一〇杯近くも平らげたのであった。

ちなみに値段はウサギ鍋は、とれたウサギの大きさにより八〇〜一三〇元（一二〇〇〜二〇〇〇円)、挂麺はひとり三元(四五円)だから安いこと! ただし二〇〇九年のことだから今は高騰しているだろう。

急に押し入り、わがままな注文に対応していただき大感謝なのである。

「ハオチー!(ごちそうさま、おいしかった)」

と、言ったら、農家の母さんも機嫌が良くて、嬉しそうなのであった。

ガイドのバトゥさんは、帰り際、

「母さんも実はよかったんですよ。現金が入って」

とささやいた。

田舎の農家では冬は野菜が少なくなかなか現金を手にすることができない、ということだ。

ところでウサギ料理はこの地方では珍しいものではないらしい。西安で市場をのぞくと、ウサギは豚肉、牛肉、羊肉と並んで売られていた。肉と毛皮は別々に売られており、毛皮はマフラーに加工されるようである。

黄河のほとりでナマズを食す

ナマズ料理がある、というので聞き捨てならず、高速道路を飛ばして行った。

陝西省潼関県港口風景区東側という長い地名のところだ。港口というのは黄河の川港のことで、地名は「黄河のほとりの景色のいいところ」というくらいの意味だろう。

ガイドのバトゥさんに呆れられた。

「ナマズ、ですか？」

声がいつもと違い低調だ。

ここでガイドの巴図那生（バトゥ・ナセン）さんを紹介しておきたい。

最初に出会ったのは一〇年ほど前、ウルムチでのことだった。彼は約束したホテルに二時間も遅れてやってきた。現地ガイドが時間を違えることなど信じられない。

反省を促したら、彼は平然と抵抗した。

問題は〝新疆《しんきょう》時間〟だった。

ご存じのように中国には時差はなく、北京の標準時刻ですべて統一している。だから新疆のように北京から西へ二〇〇〇キロ離れていても同時刻。夏ならば日没は午後九時半頃となり現実生活とはかけ離れている。そこで地元では北京時刻に対して二時間の時差を設けている。新疆はもとよりウイグル人やモンゴル人など少数民族の土地だったが、清朝の時、乾隆帝が軍隊を派遣して征服したところだ。それが「新疆」という名の起源ともなっている。だから今も中央権力への反発は強い。標準時間に対しても「そちらのかってな時間を押しつけるな」という地元の論理なのだろう。

「ここは新疆だから、こちらの時間に合わせてきた」

が、彼の申し訳だった。

当初は〝不遜なガイド〟か、と案じたが本心は誠実な人だった。国籍は中国だが、血はモンゴル人。祖父の代にモンゴル高原から移住した。本職はウルムチの職業大学の教師をしており、向学心もあり、ゆえに誇りも高い。日本語はラジオ放送をきき独学で習得し、日本人旅行者のために自ら日本語で書いたガイドメモをコピーして渡している。二時間遅れで謝らないのもそうした彼のプライドがあるからだった。

ガイドとしては能力も高く、現地事情も熟知しており、仕事は無難にこなしてくれた。

こちらは彼がいなくては仕事ができない。向こうもビジネスである。金を払うのだから従え（お客様は神様です）などという日本人の勝手な論理はモンゴル人には通じない。互いに寛容と忍耐がなければ信頼関係は築けない。同行しているうちに彼の心情も理解でき、やがて二人はよきパートナーとなった。

バトゥさんがナマズにいささか抵抗したのには理由があった。

モンゴル人は魚を食べない。モンゴルは海からは遠く鮮魚に乏しい。草原の民の食材は羊肉、乳製品である。魚は神の使いという伝説もある。だからバトゥさんからすれば、なぜわざわざ高速道路まで使って遠くへナマズなどを食べに行きたいのかワケが分からないのである。

普通の客ならば名所めぐりで終わるところが、この客はウサギだ、ナマズだと、珍味を探して走り回るのだから気が知れない。西安は歴史の宝庫なのだ。ガイドとして案内したい史跡はたくさんある。

「ボスとナマズには勝てまへんなぁ。堪忍しましょう」

彼はしぶしぶ〝ナマズツアー〟に同行してくれた。ついでに言うと彼の日本語は関西弁や東北弁が入り混じっている。日本人観光客を相手にしているので、いつの間にか各地方の言葉が身についてしまっているのだ。

黄河は全長五四六四キロ。中国で長江に次ぐ二番目に長い川で、源流はチベット自治区のバヤンカラ山脈にある。七つの省と二つの自治区を縫って悠然と流れ、渤海《ぼっかい》湾に注いでいる。

中国で「河」といえば黄河のことだ。

黄河はゆったりと流れ、冬の乾燥期のせいか水量は少なく、まるで湖のようだった。ここでは昔からナマズが名物だった。ナマズは大河の中流域に住む魚で、世界中どこにでもいる。アメリカでもミシシッピ川の名物魚で、料理では「ナマズのフリット」が有名である。日本でもナマズは昔から好んで食べられた。利根川の渡しのある赤倉には昔からナマズ料理店があり、旅人は宿屋で食していた。今でも一軒だけ残っており、利根川でとれた天然のナマズ（昔は蒲焼きだったが、今は天ぷら）を食べさせてくれる。

さて、中国のナマズ料理はいかなるものだろうか。

「老白家鯰魚湯酒店」なる食堂に入る。

出てきたのは白濁したスープに一尾まるごとナマズが入っており、野菜と一緒に茹でられた、いわば「ナマズ鍋」だった。スープがまろやかで、いかにも滋養に富むという感じで意外にあっさりとしている。

白杜娟さんという名の美人の女主人が説明してくれた。

もともと黄河ではナマズがとれ、焼いたり蒸したり料理法はいろいろあったが、スープ仕立てにしたのは、父上の白勤学さんのようだ。最初は町の小さな専門食堂だったが、この地の風景がよく、黄河の名所だったので一五年前に引っ越しをして店を出した。西安、洛陽からクルマで来られるので、週末や日曜日の午後に釣りや行楽の客に人気が出た、という。今では周辺にナマズ料理店が数軒できたが、こちらが元祖でよそは真似しただけらしい。

大鍋に生きたナマズを入れて、調味料を振りかけ、そのまま丸ごと油で焼いてしまう。その上に熱湯を注ぐと、白く濁りおいしいスープがとれるようだ。

父親の勤学さんは小さい頃から魚釣りが好きで、釣った魚をいろんな料理をして試したが、ナマズのスープ仕立てが一番おいしかった、という。ナマズは専門の川魚漁師に頼んで獲ってもらっている。正式な料理名は清炖鯰魚湯。ちなみに料金は三〇元（四五〇円、当時）だった。

ウサギとナマズ、中国の野味類（ジビエ）としては可愛いものだ。

飛ぶものはヒコーキ、脚のあるものはテーブル以外、なんでも食べる——という広州ではかつて、果子狸（ハクビシン）、穿山甲（センザンコウ）、猫頭鷹（フクロウ）、蛇丸（ヘビ）などを食したことがあった。店の前に動物園のように檻《おり》がおかれ、そこで各種の野生動物たちが飼われているのだが、お店はフツーの中国料理店と変わらず、明るく清潔だった。日本では〝ゲテモノ〟と敬遠されるが、広州では「野味」は滋養、強壮、薬効の源とされ、高級食材で大いに珍重されていた。店にはカップルや家族の姿もあり、ワァとか、キャアの驚声はなく、いたって自然な食風景だったことを覚えている。

世界三大料理と言われる中国料理の本道は北京の宮廷料理（満漢全席）や北京ダック、ふかひれスープなど山海の美味だが、こうした田舎の野味も時（秋、冬）を選べば忘れがたい。

医食同源——この国では、病気を治す薬も食材も生命を養い、活力を得ることで同じことなのである。異国にいては自国の偏見は捨てること。異国の食になじむことから辺境の旅ははじまる。

ウルムチへ、高層ビルが林立する大都会

一九六一(昭和三二)年、詩人の草野心平はウルムチを訪ねている。日中国交回復はるか以前のこと、中国共産党の招きで文学芸術協会の一員としてであった。戦後日本人として一番乗りだった。北京から早朝の飛行機で西安へ。西安から小型飛行機で蘭州、酒泉、ハミを経由してウルムチへ。着いたのは翌日の夕刻だった。それほどかつてのウルムチは辺境の地だったのだ。

草野が驚いたのはブドウ、メロン、梨、ザクロなどの果物の豊富さだった。その夜、晩餐に招かれ、少数民族の舞踏と音楽を楽しむ。舞台ではチベット人の踊りやウイグル族の歌、カザック族の群舞。

——こんな砂漠の二〇万そこそこの街で、こんなものを見ようとは想像もしなかった。

と記している。

私がはじめてウルムチを訪れたのは一九八四（昭和五九）年、新疆が外国人旅行者にはじめて開放された時のことだった（当時中国政府は個人旅行を許していなかった。私は日中鉄道文化交流会の会員として参加した）。この頃中国人は人民服に身を包み、自転車で通勤していた。

上海から三泊四日、寝台列車「シルクロード急行」に乗ってウルムチへ行った。

当時鉄道の主力は蒸気機関車で、祁連《きれん》山脈の峠越え駅、烏鞘嶺《うしょうれい》では長い停車時間があり、外へ出ると、ひまわり畑が一面に丘陵をうずめていた。その雄大な風景に見とれていると、若い女性駅員がホームの花壇に水を差しており、『北国の春』を中国語でひとり歌っていたのを覚えている。

ウルムチに着いたのは午後九時過ぎだったが、まだ夕暮れで、終着駅だというのに木造の粗末な駅舎が印象的だった。

それから半世紀経ったが、

――中国全体に満ちている漢族もここでは少数民族といわれるほどしか住んでいない。

と、草野心平が書いた民族構成は大逆転した。

ウルムチの人口は今や四五〇万人。民族構成は漢人が七割、少数民族は三割とすっかり逆転しており、少数民族はウイグル、カザフ、モンゴル、シボ、キルギス、ウズベク、タジク、タタールなど一三民族が混在している。漢民族が増えたのは政府の二一世紀プロジェクト「西部大開発」の優遇策により、江南省や貴州省からの移住者が流れ込んだからだ。

今ウルムチは中央アジア最大の都市。四方のどの海からも二三〇〇キロ離れ、地理的にはアジア大陸の中心地となっている。

〝激変するシルクロード〟の印象は、ウルムチの高層ビル群が象徴している。かつては「八階」が高層ビルを例える代名詞だったが、現在は三〇階建てが標準で、五三階建てもある。市の中心部、中山路と紅旗路の交差点に立てば、ビルの谷底にいるようで、まるで東京や大阪の商業地区と変わらない。

ちなみにウルムチという名はモンゴル語で「美しい牧場」の意味だが、今のウルムチには見渡す限り緑の牧場はない。

シルクロードの夜市を楽しむ

二〇一〇年八月、翌年の夏ふたたびウルムチを訪ねた。

空港には懐かしいバトゥさんの顔があった。

浅黒い顔立ち、濃い眉毛、ずんぐりむっくりの体軀は日本人そのもの。握手する分厚い掌に懐かしさがこもった。

この時、ウルムチは緊張していた。

一年前（二〇〇九年）のこと、広東省で起きたウイグル人虐殺事件をきっかけにウイグル人がウルムチで暴動を起こし、漢人が殺害された。軍隊が動員されウイグル人を逮捕、処刑。今度は逆にウイグル人が漢人へ報復攻撃という一連の血なまぐさい事件が起こった。

中国には少数民族が五五を数える。ウイグル、チベットなど中央権力に抵抗する少数民族問題はいまだ解決されていない。新疆は化石燃料、鉱物の宝庫だ。上海への石油パイプラインは中国エネルギーの大動脈である。中央政権にとっては現在の新疆は是が非でも掌中にしておきたい。一方ウイグル人の民族独立運動はゲリラとなってその後根強く続いている。

街の中心部は特別警察が目を光らせていたが、幸いガイドのバトゥさんがウルムチ在住なので、危険地帯は避けて取材しようということになった。

夜のウルムチは昔変わらぬシルクロードの町だった。

解放南路には夜市が開かれ、道の両側には露店が並ぶ。ラッシュのような人混みの中にシシケバブ（烤羊肉串）の焼ける匂い、香辛料の匂い、砂鍋から匂い立つスープの湯気が混在して、たちまち中央アジアの元気な市場がよみがえる。

ここでは右側が漢人の店、左側がウイグル人の店と、通りが真二つに分かれていた。民族紛争というよりも、〝豚肉境界線〟というところだ。ウイグル人は回教徒で豚肉はタブーである。豚肉はスープも加工物（ハム・ソーセージなど）もご法度である。食堂などで「清真」（チンジェン）と書かれた看板があれば、イスラム料理店ということが分かるが、こちらは屋台なので看板はない。それで互いに道を隔てることにより混乱を避けている。

夜市では歩道を隔てて紛争はなく異民族同士が共存している。人間同士は共存できるのに、そこに国家権力が入ると紛争、差別化が行われる。国家という目に見えぬ怪物が少数派民族を殺戮する。思えばプーチンのロシア、ネタニヤフのイスラエルも同じである。

白い帽子をかぶり、あごひげを蓄えたウイグル人の屋台に座る。さっそくシシケバブを頼んだ。ここでのケバブは大串ではなく焼鳥サイズで三口ほどで食べられ、やわらかくジューシーだ。ジーレンという香辛料が独特な匂いを放つ。羊の脂肪が焼け焦げる煙、ジーレンの芳香がシルクロードの匂いである。

イスラム教徒の屋台だから飲酒はダメか、と思いきや、白酒やマオタイ酒などの強い酒でなければ許されており、ビールやワインは飲み物専門の漢人の屋台から出前の注文がくる。ここではやはり民族が共存している。

夜店は酒を飲む男だけの世界ではない。いわば大衆食堂で、家族連れや夫婦の姿が多いのだ。屋台で子供を囲み、家族団らんの風景は日本ではなじみがないが、なんとも微笑ましい。

敦煌《とんこう》の夜市を思い出していた。

敦煌の夜市で面白かったのが「名喫広場」なる屋台のコーナー。それぞれの屋台にママさんがいて、男性客の接待をしており、いわば「野外クラブ」のようなものだ。それが五

○店ほどズラリと並んでいるから銀座も顔負けなのである。
その時は作家の椎名誠さんと一緒で中年の美貌ママに接待されたことがあった。その時なんとあのシイナさんより私の方がモテてしまったのであった。長身で、筋肉がしまり、日に焼けたシイナさんと〝短軀出腹〟の当方は比べようもない。ところがママは私の方ばかり接待に励んでくれて、なんとも気分よくさせてくれたのである。
二、三年後、甘い体験を期待して、ふたたび名喫広場に行ったのだが、広場はすっかり模様変えしておりママは若い女性ばかり。きけば理由は分からぬが前年から店主は三五歳以下の女性に制限されたとか（経営・管理は敦煌市がしている）。
しかたなく若いママの店に寄り、思い出話をひとしきりしたら、

「あなたの方が耳たぶが大きくてお腹が出ているからよ。お金持ちに見えたからでしょ！」

ジーパンにTシャツのご友人は労働者だと思われたのよ」

と、いともカンタンに一蹴された。

そうか、やはり金だったかのか？

中国人の「金満崇拝」、「見てくれ判断」は今も昔も変わってないようだ。

星々ならぬネオンきらめく夜のウルムチは、懐かしい敦煌の夜市がよみがえってくるのだった。

新名所・地鶏街道へいざ!

ウルムチは市内には名所はなく、せいぜい紅山公園から市内を一望するくらいで、あとは新疆ウイグル自治区博物館へ、かの楼蘭《ローラン》のミイラを見にゆくくらいである。

そこで新疆の回族の名物料理「大盤鷄料理」を食べに車を走らせた。

ウルムチの東南三五キロ、カイウォープ地区にあり、国道の両側に専門店がズラリ九〇店並んでいる。日本のラーメン横町などせいぜい五～六軒が並ぶだけだが、その数からすれば中国のスケールの大きさが分かろうというものだ。ここはウルムチのまさに〝地鶏街道〟であり、ウルムチの新名所となっており昼休みに市民が、車を飛ばしてここまで食べにやって来る。

回族は中国の少数民族の一つ。先祖は回回（フィフィ）と呼ばれた渡来のアラビア人やペルシャ人で漢民族と混血して定住した。現在人口は一〇〇〇万人と増大して、漢族と言語、形質は変わらないが、固くイスラム教を守っており、宗教民族集団となっている。居住地は中国各地に拡散しているが、もとより新彊は彼らの故郷であり、前述した「清真」と書かれた食堂や、清真寺（モスク）は新疆に多い。

豚肉、豚の臓物、スープは宗教上禁忌で、一切口にしない。それゆえここでは鶏料理が盛んとなった。

「大盤鷗料理」はもともと回族の家庭料理で、一羽の鶏をまるごと使うという豪快さが売りものだ。その場で鶏を潰し、羽をのぞいた鶏をそのまま大包丁でブツ切りにして、中華味噌だれと多種のスパイスを加え、ジャガイモ、タマネギなどの野菜と一緒に中華鍋に放り込み、丸ごと炒めるというダイナミックなものだ。

きわめてシンプルな料理だが、プリプリのもも肉、やわらかい胸肉、心臓、砂肝などの内臓ももれなく入り、滋味豊かで栄養満点である。もともとこの付近は「風庫」と呼ばれる風の通り道で、近くに雪解け水の湧水のある湖があり、周辺には地鶏を飼う農家が多かった。その地鶏のうまさが評判となり、またウルムチ、西安、上海を結ぶ主要国道にあるため、ドライバーに人気となり、九〇年代初め頃から二軒、三軒と増えていった。深夜まで営業しているというから一度は訪ねてほしいところだ。

トルファン　中央アジアの片隅で

ウルムチから天山南路（西域北道）に沿いカシュガルをめざしていた。その途中、トルファンは最初のオアシスだ。トルファンの風は優しい。

天山山脈の雪解け水が潤す天然のオアシスだからだろうか、一面の麦の穂波、街路樹のニレやポプラの緑が目にまぶしい。

白いイスラム帽をかぶり、白髭を蓄え、ロバ車に揺られる老人、その姿が穏やかだ。老人の隣に座った青い目をした少女の口元がほほえむ。

街の名はウイグル語で「低地」の意味。その名の通り、トルファンは盆地の底にあり、もっとも低いところが海抜マイナス一五四メートルで世界二位、一位はむろんアラビアの死海だ。

夏の最高気温は四〇℃を超し、年間雨量がわずかに一六ミリ。漢代には火州と呼ばれた、その名のごとく四方を灼熱のタクラマカン砂漠が囲んでいる。しかし、木陰に入ればさわやかな風が吹き抜け、夜は一〇℃くらいに気温は下がる。街のあちこちにカレーズ（灌漑用水路）の清流が流れ、喉をうるおす天山のミネラルウォーターがことのほかおいしい。

人口約六〇万人。かつては七割がウイグル人で二割が漢人、残りの一割が回族だったが、ウルムチと同じく漢民族がここも増大中である。

しかし涼やかなアカシアの並木道を足取り軽やかに行きすぎるウイグルの若い女性はペルシア（イラン）系だろうか？　健康的な小麦色の肌はまるでアラビアンナイトの踊り子のようである。その傍らをモンゴルの関取ふうの男がノッシノッシと肩で風を切って歩いてゆく。短髪でビジネススーツの日本人に似た青年は漢人なのだろう。

トルファンは中国ながら、まだここでは古い中央アジアの匂いがたちのぼっている。

ウイグルの家庭料理を味わう

トルファン郊外のウイグル人の農家を訪ねた。

ポプラ並木の続く、未舗装の土の道の一角に家はあった。

静かだ――。

ここには街の騒音も車のクラクションも聞こえてこない。

道の両側にウイグル人の家が並ぶ。門をくぐるとブドウ棚があり、その下ではスヤスヤと赤児がベッドで寝息を立てていた。陽に灼けた顔、浅黒い肌、精悍な体軀の若主人のラフマッドさん（当時三〇歳）が真っ赤なTシャツを着て迎えてくれた。

奥の台所では、奥さんが夕食の準備をしている。炭火が燃える土間では湯が煮立っていた。

こちらは典型的なぶどう園農家だ。トルファンのぶどうは二〇〇〇年前から作られたといわれ、伝統的な産業だ。生ぶどうはワイン工場に干しぶどうは市場に出される。

一家は八人の大家族である。白鬚の長老を筆頭に、祖母、主人、妻、主人の弟が二人、妹が一人、子が一人という家族構成。

客間には壁一面に真紅の絨毯が飾られ、大テーブルにはナン（パン）やサンズ（菓子）、干しぶどう、干しイチジクが銀の食器に盛られている。お茶が出された。馬乳茶だった。茶にミルクをまぜ、塩をひとつまみ入れる。甘いお菓子がよりおいしくなる。イスラム教徒のウイグルの家での歓待は酒ではなく、果物とお菓子なのだ。

「わたしで五代目、家も先祖からのものだ」

と長い白髭の長老が言う。

家の敷地は三〇〇坪。狭い日本からすれば大屋敷だ。祖父・祖母の部屋、夫婦と子供の部屋、兄弟の部屋と、部屋は各自に分かれている。縁側の下には家庭菜園ができるほどの畑が広がる。家族で食べるネギ、ピーマン、ジャガイモなどの野菜はみなここで作り、食用のための鶏は一三羽、羊も飼っている。車の代わりにロバを飼う。

長老が絶対の権力を持ち、家を仕切っている。ぶどうの収穫は年間一五トン。年収は六〇〇〇元（約九〇万円、当時）で、普通の家庭より豊かなようだ。ぶどう農園は三月〜五月が繁忙期で、収穫は九月から。収穫されたぶどうはワインメーカーが買いつけに来る。

「でも干しぶどうの方が儲かるんだ」

と長老は義歯の入った白い歯をのぞかせる。

干しぶどうは、一ヵ月間ぶどう小屋で乾燥させて、ロバ車に乗せて長老が市場へと売りにゆく。果樹園の作業はラフマッドさんの仕事で、弟の二人が手伝っている。ぶどう栽培は人手が必要。だから大家族が向いている。

夕食は午後八時。ここは北京よりはるか西方に位置するため、八時でもまだ日は明るい。家族全員が中庭のテーブルに集まり、ぶどう棚の下で団らんの時がはじまる。

奥さんの手料理でラグメン（拌麵）を作ってくれた。大きなアルミの鍋に小麦粉、水を加え、素早くかき回し玉にしてうどんを練り上げる。両手を使い手延すると麵はみるみるうちに細くなった。

ラグメンはウイグル人のソウルフードというべきもので、肉野菜炒めかけ手打ちうどんといった感じだ。大皿にうどんが盛られ、その上に羊肉とトマト、セロリ、玉ねぎ、茄子などの野菜を炒めてトッピングする。麵はしなやかでコシがあり、むっちりとした歯ごたえがある。冷たいうどんがさわやかに喉を通り、羊肉が活力をつけ、野菜がビタミンを補給する。熱気が冷めやらぬ夏の夕べにはかっこうの食べ物だ。

ラフマッドさんは箸とフォークの両方を用意してくれた。不思議なことに箸を使うと中国大陸風の麺となり、フォークを使うとまるでスパゲッティの感覚である。まさにお皿の上で東西の文化が踊っている。スパゲッティのルーツはひょっとしたら、このラグメンかもしれない。

私たちのためポロも出された。ポロはピラフ、パエリアと同じ炊き込みご飯だ。羊肉、たまねぎ、にんじん、にんにくを油いためし、米に混ぜて炊き込む。スパイスにクミンや唐辛子を使うため独特な風味があり、骨付き羊肉がとびきりおいしい。バザールではウイグル人が大きな鉄鍋で出来あがったポロを温め直している。

家庭ではラグメンかポロ（ピラフ）は昼か夜、一日一度は欠かさないという。

食事が終わると、家族の楽しみはやはりテレビだ。家にテレビは三台あり、客間に皆が集まって見る。人気番組はスポーツのようで、夫婦は寝室に一台、子供のために一台置いていた。

ラフマッドさんは三年前、二七歳の時、同じ村出身の奥さんと結婚した。

「子供はもうひとり欲しいですね」

ウイグルなど少数民族は中央政府のかつての「一児制限」はなく、これでは三人までは許されていた。二〇二一年、当局は漢族の産児制限を「三人っ子政策」に転換したが、新彊では依然三人制限のままである。

ウイグルは伝統的に大家族主義で九人、一〇人家族も稀ではない。

礼を述べて家族と別れた帰りがけ、村の広場では子供たちがサッカーに興じていた。午後九時を回っても、まだ周囲は明るく夕日は沈んでいない。子供たちの歓声が飛び交う風景は現代中国では珍しい。

まもなく厳粛な祈りがはじまるだろう。

回族の小さな食堂

忘れないうちに書いておきたい記憶がある。

トルファンの回族の食堂でのことだ。小さなお店はテーブル席が三つしかない。昼間はテーブルが店内においてあるが、夜になると、表に出してオープンレストランになる。つまり屋台だ。

家族三人で働き、父親がコック、母親が注文取りと会計、中学生くらいの娘が料理を運んでいる。三人で実にテキパキと働いていて、気持ちがいい。地元の新疆ビールが三元（四五円、当時）なので、嬉しくてトルファン滞在中にしばしば足を運んだ。

回族は各省に分散している。

トルファンは漢人が増えたとはいえ、まだウイグル人が多く住み、夜には屋台がたち、ケバブを焼く匂いが通りに立ち込め、シルクロードの面影が残る街である。

と、私の前のテーブルに、どこからともなく突然、漢人の客が現れた。短髪で骨太の筋肉のしまったお兄さんだ。私のほうをちらっと見ると、後ろポケットから財布を取り出し、デンと机の上に置く。いかにも「俺は金を持っているぞ」という態度である。

すると、大声で、

「クアイイー、＊＊クィンチェ、オタンピー、ハオツー、シェツミ＊＊」

何か娘に注文したらしい。

今度はケイタイに電話して、

「オア、＊＊ケンカイ、パー＊＊フェア、シーヨー、シャンテンホー」

大声でしゃべりまくる。声を荒げて、まるで借金の催促か、ケンカしているようだ。

その間、ちらちらと私の様子を伺う。気にしているのである。

私は当時ヒゲを伸ばしており、おまけにサングラスをしている。漢人の男は、どうやら私が何族か、測りかねているようだ。ウイグルではないし、回族でもないし……。まさかこんな貧相な屋台にひとりで日本人がいるなどとは想像がつかない。

「チムミン＊＊オア、ウォル＊＊シェンジェ、ハイメンヨウ」

どうやら料理を催促しているようだ。「早くせい！」とでも娘を叱りつけているのだろう。声が険しいので、隣のテーブルのウイグル人の老夫婦がびっくりして振り返るほどだ。その間にもペッ、ペッとところかまわず唾を吐く。

漢人には今も「中華思想」という優越意識をもつ者が多いようだ。世界で選ばれた、一番偉い民族だ、と勝手に思い込んでる。だから隣近所にはばからない。

「ティ＊＊ティ、オア、イイ＊＊パォツゥ」

と言うと、娘がテッシュペーパーを持ってきた。

漢人はハンカチをもたない。汗はテッシュで拭くのが常である。夏の夕暮れ、男はびっしり額に汗をかいている。

重ねられたテッシュは全部は使わず、少し残してある。やはり、私のことを気にしているのだ。私は知らんぷりして、相変わらず、ひとり新疆ビールを飲んでいる。

「シン＊＊ケイ、オア、イク＊＊ペイカワ」

茶が運ばれた。「お茶よこせ」と言ったのだろう。

やっと料理が運ばれてきた。砂鍋だった。土鍋に野菜や豆腐、春雨、羊肉が山盛りになっている。男は汗だくになりながら、ワッサ、ワッサと平らげる。時折ペッ、ペッ！と骨をテーブルに吐き出す。ほんの一〇分くらいの食事時間だった。

「シン＊＊チエカン、フーチエン！」

男は金をばらまくように置き、立ち去った。

嵐が過ぎ去ったようだった。隣の老夫婦はほっとしている。

ウイグル人の心境が少し分ったような気がした。新疆では津波のごとく、かような新漢人が押し寄せているのである。

私は中国語はまったく駄目なので、「ミメン（麺）、ハン（飯）」と言うと、何だが通じたらしく、お母さんが娘をうながし、やっと注文を取りに来た。

回族は風貌は漢人と変わらないので私たちには区別ができない。どことなく温厚で、静かな人々で主人は白いイスラム帽子を冠っている。

娘は一四、五歳くらいだろうか、中学生くらいの可愛い子だ。

「ダンプリング？」

と英語で言う。

「そうか、この子が通訳なのか？」

と理解して、

「ヌードルでも、ライスでも何でもいいから」

と英語で言うと、ふたたび、

「ダンプリング？」

「ワッツ、ダンプリング？」

ときくうちに、

「そうか、餃子のことか」

とようやく納得した。

餃子は回族の家庭料理で、豚肉は使わず羊肉と野菜を使う。一個わずかに三角（五円ほど、当時）で、こちらの食べられる個数で注文する。一〇個が基本単位のようである。

中国では専門店が多く、餃子なら餃子、饅頭なら饅頭、麵なら麵しかない。新疆名物の小さな水餃子をあっという間に一〇個平らげ、冷たいビールを飲み、回族の働き者の母親と娘に感謝しつつトルファンの夜をひとり楽しんだのであった。

天山北路をカシュガルへ

トルファンからカシュガルへ。かつての天山南路を南疆《なんきょう》鉄道に乗って行った。

一泊二日、一四四五キロを走る寝台列車だが、冷房は効かずコンパートメントは蒸し暑かったが、高度をあげるとともに涼しくなり、三〇〇〇メートルを超す残雪の山々は素晴らしかった。列車は蛇行しながらその麓を徐々に登りつめてゆく。峠を越えるとタマリスクとラクダ草しかない半砂漠が延々と続き夏が戻った。

天に飛ぶ鳥なし、地に這うものなし——列車はタクラマカン砂漠の縁を走っていた。南疆鉄道はまさに砂漠とオアシスの町々を結ぶ現代のラクダ商隊であった。

カシュガルに着くともはやここは異国。西方、中央アジアだ。

真上から射す激しい陽光を受けて、汗をかきつつ異国情緒溢れる町を歩き、町の中心、人民路と解放路の交差点に立つ。ここから東は天山南路を経て西安へ、西はカラコルムハイウェイを辿りパキスタンへ、南はチベットへ、北はキルギス、カザフスタンへとまさにこの町が東西交易の十字路であったことを実感した。

カシュガルは前漢の時代、疏勒《そろく》と呼ばれた。西域北道（天山南路）と西域南道がここで合流し、東西の隊商がこのオアシスで休み、物資を補給した。『漢書』の西域伝には〝市列〟の文字が見られる。昔からここではバザール（市場）が開かれ、大いに賑わっていただろうことが想像できた。

シルクロードはさまざまな遊牧民の跋扈《ばっこ》する地であった。

今からおよそ千数百年前、唐の中期に遊牧大国の突厥《とっけつ》に代わりウイグルが台頭するのである。

ウイグルは新疆を代表する民族の顔といっていい。なかでもカシュガルは民族の拠点である。市の人口は三六〇万、そのうちの九割がウイグル族、漢族は一割にも満たない。つまりここでは全中国で九二パーセントを占める漢族の影は薄いのだ。ウイグルはトルコ系の遊牧民族だが、なぜ遊牧をやめてしまったのか、は歴史書には記されていない。現在彼らの多くは農民であり、葡萄や小麦栽培で暮らしている。またバザールや夜市で物品やシシケバブを売る商人となっている。

西域一帯はイスラム教の強い影響下にある。一〇世紀に西域に入ったイスラム教は、仏教や景教、マニ教を追いやり、強固なイスラム文化をここに根づかせた。

カシュガルの街は、西域最大のエイティガール寺院をはじめ、建物も人々の装いも暮らしもイスラム教の影響を色濃くにじませている。道を行き交う人々の色鮮やかな衣装や暮らしの断片、旧市街にただよう空気を吸うと、コーランの言葉と市井の暮らしが一つになっていることを実感するだろう。

バザールを歩く楽しみ

カシュガルの街歩きの楽しみは、バザールに尽きる。

ドイツ語のメッセ（国際見本市）の語源が、キリスト教のミサ（祭日に人の集まる市）であることは知られているが、このエイティガール寺院の周辺にも定着した市がある。バザールもメッセと同じく寺院の門前に自然発生した文化なのだ。

道の両側にさまざまな店がひしめき、〝露天のデパート〟と名づけたいほどで、大勢の市民が行き交う。

屋台で買ったサモサをつまみながら歩いた。

サモサはもともとインドの郷土食で、肉や野菜を餃子と同じようにくるんで揚げたもの。皮がパリパリしておいしい。

バザールはウイグルの人たちが冠るドッパ（民族帽）をはじめ、男性の多くが着用している鳥打帽、砂漠のゾリンゲンともいわれるイェンギサールの工芸ナイフ、刺繡や男女の民族服、金属の食器類、アクセサリー、仕立屋（生地類などが売られている）などまるで買い物横町である。

寺院の西側には、貴金属や装飾品などを扱う店が点々と並んでいる。仔細に見ていくと家具、絨毯、古い鍵やコインの骨董品、カーテン、帽子などなど。肉、果物の生鮮食品を売る店もあり、イチジクや梨を盛った天秤かごが路上に置かれ、小蝿が飛んでいる。衛生上は気になるが、蝿や埃は都市文明の証ともいえそうだ。アンコウの吊るし切りのようにぶら下がった羊の肉を捌《さば》いている肉屋の仕草を眺めていると、「ああ、やはりここは中央アジアなのだ」と納得してしまう。

折しもこの年は八月二〇日からラマダン（断食月）に入り、夜明けから日没まで食事、水など体に入るものは一切禁じられていた。イスラムの指導者・アパク・ホージャ一族の墓へ向かったタクシーの運転手は「朝から水もナンも食べていない。腹ペコでもう働けないよ」などと同情を求めていた。

ラマダンはヒジュラ歴（イスラム歴）の第九月を指し、この月は断食月。食欲を卑しめ、体を純に帰し、飢餓の人々への思いやりや階級差の不平等への意識を高めることを意図している。この期間は断食だけではなく喧嘩や闘争を避け、たばこ、セックスの欲望を断ち、身を浄めることが定められている。昨今のガザ戦争の折にも、ラマダン休戦が報じられたことはご記憶にあるだろう。富裕層の教徒はこの期間、寄付や施しをすることが義務づけられている。

観光客にとって困るのは屋台や食堂が日没まで開店しないことだ。カシュガルの夏の日没は午後九時過ぎである。

わたしたちは漢人経営の店を必死で探すことになったのである。

後日談であるが、数年前のこと、突然バトゥさんからケイタイに電話があった。ついに新疆も国際時代になったのか、と尋ねると、「日本にいる」という。ウイグル騒乱以来、日本人の観光客は減る一方で、仕事が少なくなった。そこで彼は改めて日本文化を学ぶために日本の大学院に留学したという。

ウルムチの職業大学では助教授だったから交換教授制度を利用したのかもしれない。

再会したのは横浜のウイグル人の経営するレストランだった。

「日本はいい。経済が回っている。欲しいものはなんでもある。皆がクルマをもっている」

バトゥさんは奥さんと娘を来させて帰化したい、と熱っぽく語った。

辺境に憧れる日本人がいて、都市文明に憧れる辺境人がいる――。

バトゥさんのその後の行方は分からない。モンゴルに帰ったとも、風の噂できいた。

私の最後のシルクロードの旅は二〇一一年のことだった。あれから一三年後の今、中国は急成長、大変貌したが、果たして西の果て、シルクロードはあの懐かしい中央アジアの匂いは残っているのだろうか？

ウィグル人のロバ車がゆく昔ながらのシルクロード風景（カシュガル郊外で）

チャイハナ(茶店)でくつろぐウィグル人たち

8

オーストラリア・タスマニア

人生の深い味わいを釣る

ロッド（竿）を旅行バックにしのばせて

フライフィッシングに取り憑《つ》かれている。

フライフィッシングはカゲロウやトビケラに似せた小さな毛鉤《けばり》を使い、渓流のポイント（魚の居場所）を求め、川を遡るスポーツフィッシングだ。フナ釣りのようにじっと動かず太公望《たいこうぼう》然としてアタリ（浮が沈む）を待つ釣りではない。ニジマスやヤマメ、イワナなど果敢な鮭鱒類をターゲットにして、こちらからの攻めの釣り、魚との知恵比べ、相手を騙《だま》す釣法である。

何よりも水の流れが気持ちいい。森の空気が新鮮だ。渓流を歩いているだけで爽やかな気分になる。力を込めて振るキャスティングはゴルフにも似ていて、体のバランスを取りながら腕力を使う。ここぞ！　と思ったポイントに毛鉤がうまく着水した時には達成感がある。その瞬間、鱒が水面から躍り出る。毛鉤を餌《えさ》の昆虫（カゲロウなど）と勘違いするのだ。すぐさま竿を立てる。かかった鱒が竿先で水面を割って跳躍する。その生命力溢れる躍動感、握る竿の手応えにいい知れぬ快感が走る。釣り上げるまでの魚とのやり取りは繊細なフライフィッシングならではの醍醐味だろう。

キャッチ&リリース（再放流）も野生動物保護の世界的潮流に則しており、世のエコロジーブームにも呼応している（もっとも私は一五センチ以下の魚はリリースするがそれ以上のものは食べられる範囲で獲物はキープしている）。

フライフィッシングはミミズやアカムシなどの生餌を使わない。道具もコンパクトなので旅行バックの片隅に放りこんでおけばいい。パックロッド（折りたたみ竿）をバッグにしのばせて、これまで海外のゆく先々で釣りを楽しんだ。

トラベルライターの私は旅行記事を書くことが仕事だが、取材（仕事）の終わった後、現地に居残り、休暇をとって世界各国の釣りを楽しんだ。

釣りはどの国でも人気のアウトドアスポーツだった。それぞれの国にお国柄があるように、魚種やルールの違いがあって興味深い。

フライフィッシングの本場はイギリスで、そこでの釣りは乗馬と同様高貴なスポーツであり紳士（ジェントルマン）のたしなみとされ、背広にネクタイという正装が常である。この国では鮭鱒類はライオンや象と同じく〝女王様の動物〟だから、礼儀を正すというおかしなルールがあるのだ。

イギリスでは日本のように川があれば気軽に「ちょいと」竿を出す、というわけにはゆかない。ほとんどの川は私有地で、土地のオーナーのライセンス（許可証）を買わねば釣りはできない。しかも、ひとり何ヤードまでと釣れる区画は限定されており、他人の竿が見えない範囲、という厳格なプライバシーが約束されている。釣り人は常に孤独で、自らの釣りを愉しむべし、というわけだ。

地主はリヴァーキーパーなる「川守り」を雇っており、厳しい監視を続けている。ライセンスは人気のある鮭釣りの川ならば一日三万円〜五万円、しかも二、三年先の予約を待つという名川もある。川の環境保全、魚の保護のためにフィッシングクラブが各地にあり、地元の社交界となっており、息子が生まれたら登録する。ステイタスを守るためか、会員数を限定しており、会員の誰かがリタイヤしないと入会できない。一流企業では社員のための福利厚生として川を年間キープしているところもある。「休暇に自由に釣りに出かけて下さい、社長からのプレゼントですよ」というわけである。驚くべきことだが、イギリスでは釣りにも歴然とかような〝階級制度〟があるのだった（一般庶民のミミズやパン屑で釣る溜池などでのフナ釣りは自由だが）。

一方、ロシアでは釣りは最大の国民の娯楽で、河川や湖沼では子供から老人にいたるまで釣竿の砲列が連なっていた。

ここではライセンスは不要で、釣りは万民の娯楽である。と、同時に獲物は大切な家族の食料だ。とある川で、大きなレノック（小口鱒）を釣り上げ、写真をとってリリースしようとしたら、周囲の釣り人から罵声が飛び交い、ひんしゅくを買ってしまった。

「どうして大切な食料を捨てるのか！」

という非難の声だった。

その時ばかりは日露戦争の再開か、と、ヒヤリとしたものだ。

流刑地だったタスマニア島

オーストラリア、タスマニアの話をしたいと思う。

巨大なオーストラリア大陸の南の海上にリンゴの形をした島が浮かぶ。それがタスマニアだ。面積は六万八〇〇〇平方キロ、北海道よりやや小さな島だが、人口はわずかに四七万人。ほとんどが標高一〇〇〇メートル級の高地（最高峰がオッサ山で、標高一六一七メートル）である。その島に湖沼は三〇〇〇余あり、人間よりも羊、カンガルー、そして鱒の方が多く住んでいる。

シドニーから航空機で南下して約一時間半メルボルンへ、メルボルンから小型飛行機に乗り換えて七〇分ほどでタスマニア州都のホバートに着く。ホバートはインド洋と太平洋に囲まれた入江にある静かな港町だ。

タスマニアで町といえるのはホバートと北部の鉱山町ロンセストンの二つしかなく、内陸部は道路沿いに農家が点在するばかり。全島が山と森林に覆われている。見るべき観光名所はほとんどなく、ここを訪れる人の多くは登山、ハイキング、釣りが主な目的だ。タスマニアンデビル（絶滅危惧種）、カンガルー、ウォンバット、ワラビー、ブラックスワン、フェアリーペンギンなど南半球特有の野生動物たちのメッカでもある。

タスマニアはオランダ人の探検家、アベル・タスマンが一七世紀に発見した。

一八世紀後半にスコットランド人のジェームズ・クックがシドニーのボタニー湾に上陸してオーストラリア全土の領有を宣言した。一九世紀後半となり、本国からシドニーに流刑囚が送りこまれ、さらにタスマニアにも送られた。ここもオーストラリア大陸と同じくもともとは流刑囚の島だったのだ。

ホバート近くのポート・アーサーに当時の監獄があり、今は野外博物館となって残っている。そのあたりがたった一つの観光名所だろう。

流刑囚を遠隔地に送るのは日本やロシアもそうだったが、ロンドンからはるか二五六〇キロも離れたシドニーへ、さらに極地のタスマニアまで送る、という流刑囚の扱いはイギリス貴族の犯罪許すまじの気性なのだろうか。ここまで来たらもはや華のロンドンへは一生涯帰れない。

流刑地だったからこの地は移住民が少なく大自然が残った。

ブラウントラウトも遠路はるばる母国イギリスから卵が運ばれ、この島で孵化《うか》と養殖に成功した。鱒たちも流刑囚らと同じ境遇だったというのが何だか可笑しい。

鱒たちはこの地の清冽な水と寒冷な気候を大いに気に入り、高原台地の湖沼で一際大きく育った。天敵（釣り人）の少ないことが幸いした。ここで鱒たちは野生化、巨大化し、独特の体軀となった。そこで本国のものとは区別され、世に〝タスマニアンブラウン〟の異名が生まれた。かくしてタスマニアは世界中の鱒釣りたちの憧れ、垂涎《すいぜん》の地となったのである。

ビル・ベックの避難小屋

フライフィッシャーマンとしてタスマニアンブラウンは放っておけない。たまたまオーストラリアの取材があり、ついでに休暇をとってタスマニアに上陸した。一九九七年のことだった。

ホバート空港に降りると、フィッシングガイドのビル・ベックが迎えにきていた。

背丈は二メートルもあろうか、と思えるばかりの長身で、尖った鷲鼻にあご髭を蓄えた山男。一見山賊の首領のような風貌だった。おまけになんとも不愛想な男で、「ウエルカム」と一言っただけで、「飛行機はどうだったか、疲れたか」とか「お腹は減っていないか」などと客を慮《おもんぱか》る気配は一切なく、私を助手席に乗せて古いランドクルーザーを走らせた。どこへゆくとも言わない。

「酒を飲むなら、ここで仕入れな」

途中のスーパーらしい店で私を下した。私は夕食時の赤ワイン、寝酒のウィスキーを仕込む。ビルは自分用の缶ビールを二ケース買った。

やがて目的らしい湖が現れると、小さな桟橋の傍らの物置のような小屋へ案内された。それがフィッシングロッジだった。普通フィッシングロッジといえば、釣り人専用の宿泊施設で、シャワーのある個室、暖かいコーヒーの飲めるロビーくらいの設備は整っている。しかし、これはどう見ても非難小屋である。部屋にシャワーはなく、トイレは野外。ガイドと宿がセットとなったツアーを予約した旅行代理店に騙されたか、と思った。

「ここがキミの部屋だ。ゆっくり休んでくれ」

案内された部屋は木造りの二段ベッドが置かれた子供部屋だった。荷物を置くスペースがベッドの下にあるくらいで机も調度品もなにもない。テレビもない。これではゆっくりもくそもないではないか。

この避難小屋で不愛想なビルと三日三晩を過ごすのか、と思うと、いささか気後れがした。着いたのが午後、天気がいいのでまだ釣りができるはずだった。

ウエイダー（胴長靴）に着替えようか、と迷っていたら、

「釣りは明日からだ」

と、クギを刺された。

夕食時になると、「手伝ってくれ」と言われ、ステーキ肉をフライパンにのせ暖炉で焼いた。よくいえばキャンプの自炊のノリである。

焼いている間、ビルはソファに座りひとりビールをごくごくと飲んでいる。主客が逆ではないか、私はいつの間にか料理人にされていた。

夕食の皿の上にはステーキと温野菜（ジャガイモ、ニンジン、グリーンピース）だけである。スープもサラダもパンもない。焼き上げたばかりの巨大なステーキ（三〇〇グラムはある）は香ばしく、柔らかく味は悪くない。しかしただステーキだけである。パンがないのでジャガイモを腹いっぱい食べるしかない。イギリス人の主食はジャガイモだ、ということをそ

の時思い出した。ジャガイモだけはたっぷりと作ってある。私は買ってきたワインを飲んだが、ビルはビールを飲み続け、時々ゲボッと大きなげっぷをした。

食後ウイスキーに代えて飲みながらビルと話した（ウイスキーは私自身がスーパーで買ったＩＷハーパーである）。

ビル・ベッグは一九四〇年、スコットランド、グラスゴウ近郊の農家に生まれた。ジャガイモとビール好きは父親譲り。父親に連れられてタスマニアに移住し、もはや三〇年以上が経っている。妻と二人娘の家族はホバートに住み、客があるとこの避難小屋へ出張する。子供の頃から好きだった釣りを天職とした幸せ者だ。

翌日からの釣りはまずまずだった。

リトル・パイン・ラグーンという名の湖は、全体に水深は浅く、藻が多い。水生昆虫には恵まれた環境で、標準体型で二〜三ポンド（一キロ〜一・五キロ）の野生のブラウントラウト（鱒）が育っている。

私をのせてビルはエンジン付きのボートで湖に繰り出した。何とも心ワクワクする瞬間である。小屋と反対側の湖の縁でエンジン音は止んだ。

さて、どんな毛鉤を使うのだろうか、興味深々だが、ビルから、

「これでやってみろ」

と、手渡された毛鉤はレッドネオンという名のもので、ふわふわした獣毛から作られ、尾が長く、胴体は銀色だ。ゆらゆらと泳ぐ小魚かタガメ（水生昆虫）を模した毛鉤だ。

「それは猫の毛から作った」

ぶっきらぼうにビルは言った。

「まさか猫を……」とまたまた不安がよぎった。

湖底近くをゆっくりと流すと、いきなりヒットがあった。竿は曲がり、左右にサカナは走った。

「緩めるな！　巻け！」

ビルが脇でサジェスションをする。

ようやくあがってきたブラウン鱒は四五センチ、四ポンド（約二キロ）、野戦で鍛え上げられた古武士のような頑強な顔立ちをしていた。写真で見る巨大なタスマニアントラウト

には及ばないが、日本の鱒とは比べ物にならない。

「グッド・サイズ。ウェル・ダン」

ビルが傍らで褒めてくれた。

鱒は夕食のご馳走にするのかと思えば、リリースが掟。一尾くらい夕食のためにキープしても誰にも迷惑はかけないだろうに、と思うのだが、ビルは鋭い目でリリースを宣告する。「一尾も獲らせないぞ」といわんばかりだ。「郷に入れば」で致し方ないか、と諦めた。湖畔に建っているのはビルの避難小屋だけで、ビルはまるで私有地のように湖を支配している。鱒は彼の財産の一部かのようだ。

トラウト（鱒）には大きく言ってレインボウトラウト（虹鱒）とブラウントラウトの二種がある。レインボウは体全体に黒点があり、体側部に紅色の帯がある。きれいな清流、標高の高い冷水を好み、躍動感のある引きの強さが特徴で、主にアメリカが生息地だ（日本のニジマスは明治時代にアメリカから移植した）。

一方、ブラウントラウトはヨーロッパ、イギリスに多く、茶系の体軀で、体側部に赤い水玉模様がある。レインボウに比べると、多少水温の高い平野の河川、湖沼に生息し、水底で水生昆虫や小魚を捕食している。有名なシューベルトのピアノ五重奏曲の『鱒』はブラウントラウトである。

イギリス（スコットランドも）はブラウントラウトの本場だから、移住者がタスマニアに卵を持ち込んだのだ。


翌日の夕食はまたステーキで、柔らかくジューシーで味はまあまあだが、取り合わせは、またジャガイモとニンジンとグリーンピースだけ。前夜と違ったのはジャガイモがフライドからマッシュとなっただけだった。

ウイスキーを飲むと、釣りの疲れか、たちまち睡魔に襲われ、深い眠りに陥った。

夜明けに目が覚めると、湖の風景は崇高だった。

霧が深く立ち込める水墨画のような世界で、太陽がわずかに顔を出すと一瞬にして世界は青と緑の原色へと変化した。この暗から明へ、あるいは明から暗へと移ろう天空の一時を、釣り人は古来「まずめ」と呼んできた。この時ばかりは木々を渡る風や夜明けに目覚めたばかりの鳥たちも魔法をかけられたように一瞬静寂に包み込まれる。このまずめ時に無数のカゲロウの羽化がはじまり、鱒たちの早い朝食時となる。

ところが避難小屋の朝は異様な匂いからはじまった。

夜半に部屋の隅々を走り回っていた二匹のネズミはビルが仕掛けたネズミ捕りにかかり、暖炉の火中に投じられて憐れな最後をとげていたのだ。

暖炉は家の母とでもいうべき存在で、炎は部屋を暖め、部屋を照らし、ある時はすべてのゴミを焼き尽くす焼却炉となり、食事時には肉や卵がここで料理され、朝には悲しきネズミらの火葬場となっていた。

タスマニアンステーキ

毎晩のステーキ攻めには正直言ってマイッてしまった。

ステーキは好物なのだが、三日も続くと、「もう勘弁して！」と言いたくなる。

牛は地元のタスマニアンビーフ。適度な脂身があり、肉は柔らかく、おいしい。添える野菜はジャガイモ、ニンジン、グリーンピースの三種類だけで毎晩変わらない。

唯一変わるのが、ジャガイモで、ボイル（茹で）だったり、ベイクド（焼き）だったり、マッシュポテトになったりするだけである。

アスパラガスとかキノコとか、エンドウ豆とか温野菜は他にもあるはずだし、たまにはタマネギを添えてシャリャーピン風にするとか、大根おろしと醤油を使った和風スタイルで、と思うのだが、ビルは変える気持ちはもうとうない。

スコットランドにもキドニイパイとか、ローストビーフとかちゃんとした料理はあるはずなのだが、ぶっきら棒で山男のビルには、客はステーキでよい、との固定観念があるようだ。思い出してみればイギリス人（スコットランド人も）は毎日同じものを食べても飽きないようで、いつかホームステイしたミッドランドの家庭でも毎晩ステーキだったことを思い出した。日本のように和食あり、洋食あり、中華あり、というのが特別なのだろう。

それでも一日の釣りの疲れもあって、ぶ厚い肉に赤ワインがグイグイと胃袋に入り、あとは快く熟睡するのみだった。

後日談だが、帰りにホバートの市場を覗いて驚いた。

日本では牛肉が一番高く、豚肉、鶏肉の順に安くなるのだが、オーストラリアではその逆で、牛肉、豚肉、鶏肉の順に値が高くなるのである。なんと牛肉が一番安いのだ！

市場のおばさんに、どうしてなのか聞いてみると、手間と飼料代がかかる順に値は高くなるようで、牛は牧場に放し飼いだから手間も飼料代もかからず。豚は餌には残飯を使い、餌代はかからないが、小屋代がかかる。一方、鶏は餌代も小屋代も人の手間もかかるのだから高くなるのだそうだ。

日本人にとってステーキはご馳走で、ビルの避難小屋では、歓待されていたと思っていたのだが、実のところは一番値の安い〝餌〟を食べさせられていたワケであった。

四日目、ビルに別れを告げ、解放された気持ちになって私はレンタカーで島内をめぐった。


タスマニアは気候が不安定、と聞かされていた通り、天気は移り気で、一月（日本の八月）というのに、朝の気温は一〇℃以下の寒さ、小雪がちらつくこともある。午後太陽が照り輝くと、たちまち気温は上昇し、三〇℃ともなり、ダウンベストを脱いでTシャツになった。

朝、山の冷気をふくむ風は気温を下げセーターが欲しくなり、昼間太陽は夏の光を惜しげもなく降り注ぎ、汗ばむくらいの灼熱となる。まるでグリム童話のような世界だ。

タスマニアの内陸部は山あり谷あり、乾燥した草原ありと変化に富み、未舗装の道が多かった。西洋マツとユーカリの樹影の濃い原生林をゆくと、諸処でワラビーの姿を見かけた。ちいさなカンガルーは脅えもせず、こちらをキョトンと眺めて動かない。

湖には必ず釣り人の姿があった。

「マグロじゃなく、鱒を釣る日本人がいるのか」

などとオージーたちに冷やかされた。

ホバートには日本のマグロ漁船が時折入港する。南氷洋近くのマグロ漁場へ向かうためだ。この島では日本人の男を見かけると、皆マグロ漁師と見なされるようだった。

ロンドン・レイクスという別天地

タスマニアンブラウンとの出会いは一回では終わらなかった。

数年後、ふたたびタスマニアに出かけた。ロンドン・レイクスという素晴らしいフィッシングロッジがあるという情報を仕入れたからだ。島の中央に原始林に囲まれた湖が二つあり、そこにただ一軒のフィッシングロッジがある。湖は宿泊客だけに開放されており、釣法はフライフィッシングだけという本格的な釣り場だ。

やはり一月、日本の冬、豪州の夏、成田から飛びタスマニアをめざした。ロンドン・レイクスは予想通り、素晴らしいロケーションだった。玄関ポーチのある落ち着いた木造のロッジで、前回のビルの避難小屋とは大違いだ。二〇〇ヘクタールという広大な私有地の中にサミュエル湖とビッグジム湖の二つの姉妹湖があり、ロンドン・レイクスはその総称だ。自然環境は素晴らしく、緑深いユーカリや樫の巨木が周囲をとり囲み、流木や葦の原などがあり、乾燥したタスマニアの風景の中ではとりわけ原始の息吹きに包まれている。

ここでは野生動物たちが人間たちの銃に脅《おびや》かされることなく、自由に暮らし、夕暮れにはワラビーがのっそりと歩き、深い森ではウォンバットやフクロウが夜の会話を楽しんでいる（ただし少数の若者たちが夜中、ジープを乗り回すナイトサファリを楽しんでおり、カンガルーやワラビーはその趣味の犠牲となっていた）。

ロッジのオーナーのジェイソン・ギャレットは五〇歳半ばでタスマニア生まれ、両親はスコットランド出身という素性正しいオージーで、キャンベラ大学を出た後、パプア・ニューギニアに渡り、二二年間測量技師として働き、ダムや道路を建設した。自分の好きなフライフィッシングの理想郷を実現するため、二つの人造湖を一〇年間費やして完成させた。二つの湖はとても人造湖とは思えず、深い巨木の森に包み込まれている。

彼はここで「フライフィッシング・ユニヴァーシティ」をつくる、という夢を実現させた。

「どんな初心者でも、二日目にラインは自由に出すことができ、一週間でフライの名人になれる」——というのがウリである。

初心者には専門ガイドがつき、道具の使い方、キャスティング、タイイング（毛鉤巻き）、実際のポイント探しなどを実践する。中級者以上は湖や渓流へクルマで案内する。実際ここに三泊すれば、かなりのレベルまで上達できそうだ。

ブッシュハットをかぶり、痩せて長身のジェイソンは見かけはアメリカ中西部の牧童のようだが、声は優しく、物腰が柔らかく、人に気遣いのできる紳士であった。前回のビル・ベッグとは大違いだ。

ロッジはただ一つ。客室は五部屋。定員はわずか一〇名。夫人のバーバラが暖かいホームメイドの料理で歓待してくれる（これもビル・ベックの避難小屋とは大違い！）。

一日は夜明け前のティータイムからはじまった。釣りの前に客たちが三々五々ロビーに集まると、紅茶とビスケットのサービスがある。イギリス流のモーニングティーだ。

寝ぼけ眼を紅茶で覚ますといよいよ出陣。朝靄の流れる湖は、この時巨大な鱒が岸辺に寄り、朝の食欲を満たすため、小魚や昆虫を追いかけている最中なのだ。湖の所々ではライズ（もじり）が起こり、そこで鱒たちは水表の昆虫を捕らえている。客はグループに分かれ、それぞれがクルマで湖畔をめざす。ケニアのモーニングサファリと同じ趣向である。

ここでの釣りは厳しい。ライズのあった水面のスポット三〇センチ以内に瞬間フライを落とさねば、決して鱒は食いついてこない。だからここユニヴァーシティではキャスティングを特訓しているわけである。しかも竿は七番、八番と重く長い竿を使い、遠くへ飛ばすので腕力が必要で、二〇メートルほどキャストできないとフライはライズスポットに届かない。一瞬フライを浮かばせると、同時に大きなもじりができて手元に振動がグ、グーッと伝わる。大きな鱒はぐんぐん先へ走ってゆく。ここで引くと、ティペット（テグス）が切れてしまう。鱒が勢いよく走る時は、動きに任せてラインを出す。相手が疲れてくれば、ぐんぐん巻くというやりとりが続くのである。相手が疲れ果てるまで辛抱強くラインをぴんと張っていなければならない。釣り上げるまでには一五分はかかるだろう。相当体力を使うのだ。

相手も知恵者である。大物がかかり、魚体も確認できないまま水中をぐいぐいと引いてゆく。切れないようにこちらがラインを出しているうちに相手は水草の根元へ逃げこむ。ラインは水草の根元にからまり、ティペットが緩んでしまう。その時、鱒は力一杯に首をひねると、簡単に鈎は解けてしまうのだった。

湖の水面に鱒のライズが出るのは一時間ほどである。その後湖は何事もなかったように静まり返る。鱒との勝負はその瞬間だけ。一瞬の勝負に勝つために釣り人はスクーリングで訓練するのである。

帰還するとブランチとなる。時計はもはや一〇時を回っている。獲物を前に勝利祝いのシャンパン、前菜そしてサンドイッチをつまむ。釣れなかった人は悔やむばかりだ。

午後はゆったりと湖畔で時を過ごす。絵を描く人、本を読む人。釣りに飽き足らない客はガイドとともに他の河川にまた出かける。

夕方から客はワインタイムにくつろぎ、そしてメインディッシュの長いディナーが続く。同宿だったシドニーからやってきた紳士たちはドレスコードを変えて、ジャケットにネクタイ姿である。やはりここではフライフィッシングは本国と同じ紳士(階級)のスポーツだった。

ディナーメニューは前菜、スープ、鮭の燻製、ローストビーフ、チーズ、卵、野菜サラダなど。赤、白ワインの酒杯を重ねながら、四〇年の釣り歴を持つジェイソンの巧みな釣り談義に巻き込まれる。

ここでは時を忘れてしまう。

朝から晩まで釣り三昧、釣りが富裕層のジェントルマン諸氏の優雅なスポーツだということがなんとなく分かってくる。

サイトフィッシングの愉しみ

気温は三二℃、夏の光が戻っていた。

この日はフィッシングガイドのケン・オールが私につきあってくれた。

湖の釣りはいささか飽きたから、渓流釣りをしたい、とジェイソンに伝えてあった。

ケンは三〇歳代後半、日焼けした浅黒い顔に白い歯が浮く筋肉質の明るい青年だった。

タスマニアで職業ガイドで身を立てている数少ないプロのフィッシャーマンの一人だ。

クライド川という牧場の谷あいを流れる川へと行った。

タスマニアでの釣りは湖がメインで、渓流は珍しい。イギリスと同じく川は私有地を流れているので、ケンは牧場主に許可を得る。ここではライセンス料はなく、ケンの手土産で許可してもらっている。

川は牧草地を蛇行しており、多少の濁りはあったが水量があり一見して大物が淵に潜んでいるようだった。

「ホッパーでやってみて」

ケンが毛鉤を勧めた。ホッパーとはグラスホッパー、つまりバッタに似せた毛鉤だ。日本でも古来「フットバシ」がある。こちらは生きたバッタを使い、そのまま水面に吹っ飛ばすのでその名がある。

ホッパーは大きくて見やすいため、初心者に使いやすい。

ケンは先回りして上流のブッシュに身を隠し、腰をかがめ水の底を探って鱒を探している。

日本ではありえないが、ここでの釣りは鱒を見つけてからはじめる。「サイトフィッシング（どろぼう釣り）」とも言われている。

目の前に淵が現れた。

ケンが両手で円を描いて、淵のポイントを指さす。

ポイントめがけてホッパーを放りこむ。しかし、フライは動かない。

「よし、もう一度、一メートル先だ。左に三〇センチ」

ケンの声がこちらへ届く。

フライではキャスティングするため、ポイントに対して毛鉤の位置が特定できる。

こちらは鱒が見えなくとも、ケンの言葉でポイントが分かるのだ。

「オーケー、ストライク！」

ケンが叫び、両腕を回す。

ポイントから四〇センチ級のやや痩せたブラウンがすかさず飛びついてきた。

この瞬間がたまらない。

ラインが緩まないよう引き締める。最初は泳がせ、相手が疲れるまで自由にさせる。動きが止まったら、じりじりとリールを巻く。しばらく押したり、引いたりのやりとりがあり、やがて鱒は諦めたように上がってきた。

「グッドジョブ（よくやった）！」

ケンが笑って、向こうで手を叩いた。

牧場では夏草が萌え、クローバーが一面に咲いていた。雉《きじ》がノコノコと歩いてゆく。ランチボックスを広げ、バーバラお手製のターキー（七面鳥）のサンドイッチを頬張りながら、

「これなら目をつむっていても釣れるね」

冗談半分で言ったつもりだった。

「実はそうなんだ」

ケン・オールが遠くの丘に群れる羊群を見やりながら語ってくれた。

眼が不自由でも鱒釣りはできる

毎夏、カルフォルニアからクリスマス休暇でやってくる初老の夫人、ケイト・ビルガムをケン・オールは心待ちにしている。

ケイトは夫とともにこのロッジに来て以来、釣りの虜《とりこ》となり、夫とともにフライフィッシングを楽しんだ。その後夫婦は毎夏のようにここを訪れるようになり、優雅なロッジ・ライフを過ごしていった。しかし、ある時カルフォルニアで夫が交通事故を起こして死亡、同乗していた彼女も失明するという不幸を背負うことになった。

ケンは二人が来なくなって、時折さびしい気持ちになっていた。

それから数年後、ロンドン・レイクスに手紙が届いた。

「どうしても思い出のロンドン・レイクスでフライフィッシングがしたい。失明したが可能だろうか」

という文面が遠慮がちに書かれてあった。

ケンはすぐさま「ウエルカム」の手紙を出した。

翌年、ケンはケイトを迎え、彼女をガイドし、的確な指示で鱒を釣らせた。

以来、夏になると彼女はふたたびロンドン・レイクスを訪れるようになったという。

「キャスティングが正確で美しいんだ。毛鉤だけはつけてあげるが、あとは何でもできる。状況を察知できるから、ぼくが指示を出せば、確実にポイントに投げ込んでくるよ。鱒とのやり取りも素晴らしい。夫との思い出が失明のハンディを乗り越えたんだろうね」

例え、川面に流す毛鉤が見えなくとも、

「一メートル先に落とせ！」

「左にもう三〇センチだ！」

ケンの巧みな指示で、大きなブラウントラウトを毎年見事に釣りあげてゆく。

ケンが一枚の写真を見せてくれた。

そこでは胴長靴を履き、フィッシングベストを着て、巨大な鱒をリリースする銀髪の女性が映っていた。サングラスをしているので、誰もその女性が盲目だとは想像がつかない。

——闇の中でも、わたしにはあの鱒の跳躍が感じられる。

ケンの言葉や呼吸で、鱒の微妙な動きや毛鉤の流れが彼女には分かるという。鱒の跳ねる淵は見えないが、ケイトに見えていたものは「深い人生の味わい」だったのかも知れない。

タスマニア、ロンドンレイクスで鱒をかけた至福の時

9

アメリカ

「大いなる西部」の片隅で

一　ワイオミング
ロッキーに冬来たりなば

スターバレーという名の開拓地

「シェーン、カムバック！」

ジョーイ少年のオクターブ高い声が荒野にこだまする。あの映画『シェーン』とそっくりの風景をアメリカ西部の片田舎に見つけた。ガソリンスタンドさえなければ、鹿皮服のシェーンが忽然《こつぜん》と荒野の彼方から現れてもなんのフシギはない。かつての西部劇少年は思わずジーンと胸にくるのである。

ところはワイオミング州の西はずれ、ユタ州にも近いスターバレー（星の谷）という美しい名の谷間だった。遠くに映画と同じ白雪を抱いたグランティトンの山脈が浮かび、荒野に秋風が吹いていていた。

アフトンはその谷間の中心、西部劇そのままの町で、メインストリートの両側にハモニカ横丁のように商店が連なる。中央に銀行、その隣にシェリフのオフィス、その隣が床屋というつくりからして開拓時代そのままであった。

折しも秋深き、一一月のことだ。寒風が吹き抜け、落日の淡い残照が町を黄金色に染め上げていた。

一八四〇年代、モルモン教の指導者、ブリアム・ヤングがこの谷間を開いた。それ以前は平原インディアン（スー族、シャイアン族）のバッファローの狩猟地だった。ブリアム・ヤングはこの谷間を拓いた後、ロッキー山脈を越え、ソルトレイクを聖地とする西部開拓史上に残るモルモン街道を切り拓いた。

西部を旅すると、ラフながらも実直な昔気質のアメリカ人の素顔に出会える。ここにはダークスーツで葉巻をくわえたテキサスの成金はいないし、白シャツ、ネクタイのＩＶＹルックの東部エグゼクティブたちにも出会うことはない。

冬は零下二〇℃、真夏でも山間部の根雪は消えない。厳しい自然環境の中で人々は畑に麦を植え、牛を追い、日々の神への祈りを忘れず、健気に暮らしている。多くのアメリカ人が忘れてしまった勇気、孤高、正義のフロンティアスピリットが、ここでは脈々と受け継がれているようだった。

デニス・H・ガードナーもその一人だった。

町で唯一のカントリーバーで出会った彼はこの道三〇年のカウボーイだった。

牧童など映画の中だけと思いきや、とんでもない。この町では一〇〇人以上のカウボーイが正業として牛の飼育に働いている。もっともカンザス、ミズーリまで二〇〇〇キロ、三〇〇〇キロのキャトルドライブといった勇壮な牛追いはすでにないが、馬の飼育、牛の放牧、牧草刈り、フェンスの修理といった牧場での仕事は山ほどある。

なにせ酪農王国・ワイオミングだ。州のシンボルマークもロデオなのである。

デニスはこの時、六三歳。会社員ならすでに定年退職といったところだが、今も荒馬にまたがり、群れなす牛たちを追いやる姿に老いた影はない。

「へーイ、ボーイズ、ゴー、アヘッド!」

荒々しく乾いた声と口笛が荒野に飛ぶ。牛たちはデニスに追われぞろぞろと歩いてゆく。まるでカウボーイ映画そのものだった。

バーで出会ったカウボーイ

デニス・H・ガードナーはアフトンの隣町・グローバーに農夫の三男として生まれた。軍隊に入り三年間インドに駐留、除隊後、カルフォルニアでセールスマンを試みるが、性に合わずUターン、生来の馬好きがカウボーイの道を選ばせた。三八歳で結婚、五一歳で再婚した。牛二〇〇頭、馬五〇頭を相棒の若いマイクと二人で飼育・管理する。

デニスとは町で一軒しかないカントリーバーHarry'sCowboy Barで偶然出会った。中肉中背、額の深い皺《しわ》にはこれまでの彼の人生が沁み込んでいるようだ。西部劇スターでいえばヴィック・モローに少し似ている。

「週末、ここで一杯やるのが一番の楽しみだ」

バーボンのストレートを一口でグイと飲み干すと、若い細君を誘ってカントリーダンスを楽しむ。カントリーウエスタンの生バンドが二人に気を使い音量を上げて盛り上げる。彼と出会ったのもそうした映画のようなシーンでのことだった。

「朝はいつも五時に起きる。夏は牛たちを放牧しておけばいいんだが、冬はつらいね。いちいち餌をやらねばいかんからな。牧草を牛舎に運ぶだけでも一苦労だ。これからの楽しみはエルクハンティングだ」

エルクとはヘラジカ。大きな角が特色で、体長二〜三メートル。現存する最大級の鹿である。周辺はエルクの生息域で、冬、木々の葉が落ち、雪が積もると足跡を追いやすくなる。相棒のマイクと馬に乗り、ライフルを携えて入山する。ケモノ道を藪漕ぎしながら、時には野営もする。一頭仕留めれば大金になり、ボーナス代わりだ。

デニスは小さな牧場に雇われている。

「俺は自分の家から牧場へ通うが、若いもんは牧場の住み込みが多い。給料は三食部屋込みだがよくはない。決していい商売じゃないが食うには困らない」

子牛を飼育し、大きくなれば隣のアイダホ州の市場へ売りにゆく。今では鉄道とトラックを使うが、なんせ身体が資本のハードワーク。とても好きじゃないとできないだろう。

タンブルウィードが転がる丘

中学校の頃、私は西部劇オタクだった。昭和三〇年代のことで、私が育ったのは名古屋の大須地区で大須観音の門前町だ。当時は名古屋一の繁華街で、東京の浅草、大阪の千日前と並び日本三大繁華街の一つといわれていた。演芸場、ダンスホール、釣り堀、酒場、飲食店など殷賑《いんしん》を極め、映画館（二番館、三番館ばかりだったが）は一七館もあった。当時テレビはまだ普及しておらず、娯楽の中心は映画だった。クラスの男子は時代劇派と西部劇派に真っ二つに分かれており、時代劇は中村錦之助、東千代之助、大友柳太郎、ウエスタンはジョン・ウエイン、スティーヴ・マクイーンが憧れのスターだった。

映画『シェーン』は私たちの団塊世代より一世代前の映画である。中学生の時、リバイバル上映で大須の場末の三番館で見た。その時の感動は今も忘れない。

農民と牧場主の土地争いで、双方の代理人、流れ者のシェーン（アラン・ラッド）と殺し屋ウィルソン（ジャック・パランス）が対決してシェーンが勝つ。単純な勧善懲悪映画か、と思っていたら背景があった。

シェーンは南北戦争で焼失した土地を捨て西部をめざした南部人だ。法が完備されていない西部を拳銃ひとつで放浪している。一方、ウィルソンは勝組の北軍出身で南軍のリー将軍を小馬鹿にしている。二人の対決は〝もう一つの南北戦争〟で、負けたはずの南軍が勝った北軍に一矢報いたのであった。

また農家のスターレット（ヴァン・ヘフリン）は国の政策で入植した新入農民だ。牧場主のライカー（エミール・マイヤー）は古くからの開拓者でインディアンと戦い、傷を負いながら牧場を拓いた。ライカーは牛を放牧しているから広い草地が必要で、新入の農民らが水場を独占したり、フェンスをめぐらせたりするのは許せない。つまり映画は農民と牧場主の新旧の世代の戦いでもあった。この時、アメリカは〝農業国〟という新しい国づくりをめざしていた。ジョーイ少年は未来を背負うアメリカ人の象徴である。だから必然的に新農民は旧牧場主に勝ち、時代遅れの拳銃使いシェーンは時代から去ってゆくのである。

町を去る時、川のほとりで、ひとりコーヒーブレイクするデニスに会った。

テンガロンハットにジーンズ、皮のチャップス。さすがにベストはダウンだが、まさに本場、生一本のカウボーイ！　その老いたるシブさが、ロッキーの山並みを背景に〝現代のシェーン〟を見事再現してくれていたのだ。

「テイクイットイージー、キッド、ソーロング！」

デニスとは当時さほど年が変わらぬ私だったが、背が低く、若く見えるのでキッド（小僧）なのだろう。大地と自然と日々渡り合っているデニスから見れば、鉛筆とノートで仕事する私などジョーイ少年とさほど立場は変わらない。

人に管理されるのが一番嫌いだという彼はいつも孤独で人に命令されたり、干渉されたりするのを拒んでいる。だからデニスのような頑固者がこの大西部の歴史を支えてきたのだ。共和党支持者だ、という彼の立場が分かるような気がした。ならば今のトランプをデニスはどう評価しているのだろうか？　聞いてみたいところだ。

北風がヒョウヒョウとうなり声をあげていた。

遠くの丘からタンブルウィード（根なし草）が風に転がり、迫りくるロッキーの冬を知らせていた。

二　モンタナ

モンタナの風に吹かれて

牧場でのホームステイ

野鳥の声で目覚めた。

部屋のカーテンを開けると、草ひばりが空に舞い野生の小鹿が野をよぎった。

アメリカ、モンタナ州、ユリーカという名の村にいる。縁あってとある牧場にホームステイしていた。

アメリカ西部へはこれまで何度も通った。思い出深い旅を書き留めておきたく思う。

モンタナ州は全米四一番目の州、州面積は約三七万平方キロで、日本と同じくらいの広さでありながら人口はわずか一〇〇万人という羨ましいくらいの過疎州である。

〝ビッグスカイ・カントリー〟の異名があるように、ここでは緑の丘陵がどこまでも広がる。一六マイル四方（約二五キロ四方）を見渡しても一軒の家もない、というところもあるほどで、空は大きく抜けるように青く、空気は冴え冴えとしている。

ユリーカ（Eureka）は、インディアン語で、「I found（見つけたり）」の意味だという。「タバコプレインズ」（Tabacco Plains）」の別名もあり、もとはアラバホ族、シャイアン族の冬の逗留地だったが、一八六二年、付近の山地で金鉱が発見されて以来、白人が押し寄せた。

アメリカ西部の歴史はどこもがほぼ同じである。

アメリカインディアンはもともとユーラシア大陸から移住したモンゴロイド系の民族である。ベーリング海峡が陸橋だった頃、渡来し、氷河期が終わるとパレオインディアンなる始祖が南下、その後部族は細かく枝分かれして集団をつくった。部族はクロウ、スー、ショショーニ、シャイアン、ポーニー、カイオア、コマンチ、アパッチなど数百から成り、全米で五〇〇万人ほどが暮らしていた。文字をもたなかったから彼らの詳しい歴史は分からない。いずれも鮭の漁労やバッファローの狩猟をして平和にのどかに暮らしていた。

一八世紀を過ぎてヨーロッパから白人がやってきた。彼らはマウンテン・マンと呼ばれ、やはり毛皮捕獲が目的で、最初のうちはインディアンと交易し、酋長の娘と結婚したりして共存していた。映画『大いなる勇者』でロバート・レッドフォードが演じたジェレマイア・ジョンソンなる実在の人物や『折れた矢』でジェームズ・スチュアートが演じたトム・ジェフォースの役など初期西部劇では彼らマウンテン・マンの活躍を描いた映画も多い。異変が起こるのは一八四八年のカルフォルニアの金鉱の発見だった。北米大陸はロッキー山脈が北から南へと背骨のように走り、その支脈はあばら骨のように山塊をなし、そこは金、銀、銅の宝の山だった。白人は東部から大挙して押し寄せ、先住民との間にトラブルが巻き起こる。インディアンにとっては狩猟地や農耕地を占有され、〝悪魔〟呼ばわれされ、反抗すれば殺されてはたまったものではない。インディアンの族長らはワシントンまで出向き大統領（白人の族長）に和平共存を訴えた。しかし明快な回答は最後まで得られなかった。

一八七六年、ジョージ・カスター准将率いる第七騎兵隊はスー族、シャイアン族、アラパホ族の連合軍とリトル・ビッグホーンの戦いで全滅という憂き目に遭った。その時のインディアンの指揮者はシッティング・ブルとクレイジー・ホースだ。往年の名優エロール・フリンがカスター役で主演し、『壮烈　第七騎兵隊』のタイトルで映画にもなったがこれが歴史に残る最後の戦いとなった。その戦場はここモンタナ州である。

その後、インディアンは土地を奪われ、消滅する運命に立たされた。死因は銃によるよりも白人の持ち込んだ疫病、アルコールによるものとされている。酒を知らなかったインディアンの多くは依存症となり、労働意欲をなくし生きた屍となり、また免疫のなかった彼らはコレラ、天然痘、梅毒の病原菌によって集落が半壊した。

トーテンポールで有名な北太平洋海岸に住むハイダ族は南北二つの島に七〇〇〇人ほどが暮らしていたが、ラッコ猟目的の白人が来島し、戦闘はなかったものの彼等のもってきた天然痘に犯された。七〇〇〇人いた住民のほとんどが病魔に犯され死亡。わずか六〇〇人ほどの残った者たちが北の離島へ渡り細々と暮らしている。

現在、先住民は政府管理の指定された居留地で自治権が認められ保証を受けながら暮らしているが、さほど良い境遇とは聞いていない。

星の部屋で眠る

ホームステイした牧場主はジョー・パーディーといった。

いささか下腹太り気味のジョーはカウボーイというよりは副業の不動産会社のおっさんといった風体だ。気前の良い温厚な性格で、人の好さがスローな腰の動きや声の優しさに滲み出ている。五〇エーカー（約六万坪）の広大な牧場を持ち五〇〇頭の牛を育成している。

「村の人口は三〇〇〇人、林業、農業、酪農がメインだ。畑では小麦、ハダカ麦、テンサイを栽培している。州都はヘレナ。ここから三時間。ヘレナはかのゲーリー・クーパーの故郷さ。有名なイエローストーン公園まではここから六時間だ」

と、手短にガイドしてくれた。

「ヘレナまでは？　何マイルあるのか？」

ときくと、ジョーは「さぁね」と、頭をかくだけだった。

「北海道と同じだな」と思った。北海道も渋滞はないので距離よりも時間が優先される。所要時間に時速七〇キロをかけるとほとんど正確な距離となる。鉄道や渋滞がないので、ここでは皆が所要時間で判断している。

「ローカルに来たな」

という最初の印象だった。

パーディー家のルーツはイングランドで、初代が一八九〇年代に渡米し、当初はミシガン州に住んだが、金鉱ブームでモンタナへ移住した。

ジョーは地元ユリーカ生まれ、開拓移民の四代目で、地元のハイスクールを卒業後、一五年間、州政府のフォレストサービスで働いた。フォレストサービスは日本でいえば営林署で、森林の保全と管理、森林火災時の救援活動に従事している。その後、自らのパーディーランチ（牧場）を興し、併せて不動産業に乗り出し、土地、建物の売買をして今は二つの事業をこなしている。働き者だ。会ったときは四三歳の男盛りであった。

奥さんのリタはスラリとした金髪で、かつてはさぞや美女だったと思わせる瞳の大きな女性だった。カリフォルニアに生まれ、父親に連れられて一九七二年にモンタナへ来て、ユリーカに近いクーテナイ川の下流で暮らした。父親は銀キツネのハンターだったらしい。

ジョーがフォレストサービスに務めていた時、パーティで知り合い二人は結婚した。子供は三人。長男、次男はともに大学生で、それぞれ遠く離れてノースカロライナ、ハワイに住み、長女は地元のハイスクールに通っている。

ホームステイは心地よかった。長男のネイザンの部屋が当てがわれ、彼は天体趣味なのだろう、部屋は〝星の世界〟という感じで、天井や壁には絵具で塗った手作りの星座がひしめいていた。

夜部屋の窓を開けると、牧場の地平からいきなり大空が広がり、中空を星々が埋めている。天の川が天井にあり、北斗七星が地平線上に浮かんでいる。星尽くしの部屋だ。ここで育ったネイザンを羨むばかりだが、大学では精神医学を学んでいるというからジョーの血を継いだ優しい若者に違いあるまい。

牧場に点在する灌木の間を野鳥は夜でも活動していた。和名が分からぬ夜鳴き鳥たちが姿は見せず耳慣れない声を出していた。翌朝リタからSummer night Sparow, BlueBird, Night Hawkなどと教えられたが、日本名は分からない。

クーテナイ川を下る

ジョーが釣りに連れて行ってくれた。

クーテナイ川でボートを漕ぎ、釣りをしながら一日川を下った。レインボウトラウト

（ニジマス）が狙いで、ダウンストリームで下流へフライを流すと、たちどころにストリーマーに強い引きがあった。ところどころの瀬ではボートから降りて、ポイントにドライフライを流すと、ニジマスが毛バリに飛びついてきた。

サイズはいずれも三〇センチはあり日本では〝尺サイズ〟と呼ばれて大物だが、ジョーは去年四〇センチ、六ポンドのカットスロート、ダム湖では五〇センチ、八ポンドのブルックトラウトを釣った、と自慢げに話した。ジョーによれば、三〇センチのニジマスはここではアベレージ（標準）サイズのようだ。

モンタナのフライフィッシングの方法は、竿は5番、6番、ティペットは4X、リーダーは9f、フライはニンフがよくプリンスニンフ#14、ヘアーズイヤー#16あたり。インディケーターから5フィートに噛潰し（錘）をつけ、ニンフを二つ、三〇センチほど離してつけてダウンストリームで流す。これが一般的なモンタナ流だ。ドライフライはローヤルウルフ#12、スパークル・ダン#14あたり。

フライフィッシングを知らない読者には暗号のように思われるだろうが、少し心得のある方ならば「なんだ、日本の方が繊細だな」と思うに違いない。モンタナの釣りは、狭い日本の渓流で繊細なイワナ、ヤマメを狙うのとは違い、相手がすれておらず大きいので大雑把でダイナミックなのである。

釣りも楽しんだが、自然の美しさはもっと素晴らしかった。空中でホバリングして獲物を待ち、獲物を見つけると空から急降下するオスプレイ（ミサゴ、最新米軍軍用機の名はここから取っている）、高いスプルース（西洋樅）の枝でじっと動かない白頭鷲、大空にV字型を描いて悠々と舞うカナダガンの群れ……、また野辺や渓流には野生のアサガオのような野花、名もない水辺の青や白の灌木の花々、澄み切った渓流と白泡を立てる小滝……ここでは手垢のつかない大自然そのものの風景が息づいていた。

初日は川を下り、二日目はダム湖とジョーは仕事そっちのけで私を釣りに連れて行ってくれた。私の案内を理由に好きな釣りを楽しんでいるようである。それでも顧客とケイタイで連絡を取り合っているのか、時々「エキスキューズ」と言ってボートを離れた。

モンタナはフライフィッシングの聖地といってもいい。ここクーテナイ川も名川だがギャラティン川、ビッグホーン川、ルビー川など渓谷を流れる美しい川が目白押しだ。

ここからさほど遠くないヘレナは映画『リヴァー・ランズ・スルー・イット』の舞台と

なったところだ。一九九二年公開の映画はロバート・レッドフォードの監督第一作で、ブラッド・ピッドがこの映画でデビューした。

ブラックフット川の岸辺にある長老派教会の牧師一家の日常的な出来事をテーマにしており、フライフィッシングが好きな父親が子供らに釣りを教え、兄弟は釣りを通して成長してゆく。秀才の兄は名門大学へ進み、大学教授となり地元高校卒の美女・ジェシーと結ばれる。一方次男はヘレナの新聞社に入社して、記者として活躍するが、酒と賭博に溺れ、最後は何者かに殺される。一九二〇年代の激動する世にありながら、家族の絆だったフライフィッシングと淡々と流れる川の美しさは変わらないという詩情あふれた映画だった。弟役を演じたブラッド・ピットがまるでレッドフォードの生まれ変わりのような若さと躍動感あふれる演技で人気を得た。

作者のノーマン・マクレーンはこの家族の長男である。ノーマンは少年時代の冒険、弟と共有したフライフィッシングの追想、ジェシーとの恋をモンタナを舞台に描いた。シカゴ大学英文科の教壇に立っていたが一九七三年、七〇歳で教職を引退し、亡き弟の思い出のためにこの小説を書いたという。出版は一九七六年、七四歳での処女出版で、大手出版社には拒否されたが、シカゴ大学出版局が発行。初版三〇〇〇部だったが、最初の一年で一万部を売りつくした。NYタイムズは遅ればせながら同年九月に「アメリカ文学の伝統を受け継ぐ自然文学の典型」――と絶賛の記事を出した。淡々と川のように流れるノーマンの抒情的な散文が多くの読者の心を摑んだのである。

ロバート・レッドフォードには『モンタナの風に吹かれて』というモンタナを舞台にした映画もある。ニューヨークの辣腕の女性編集者がヒロインで、彼女の娘が乗馬中、事故を起こし、馬もろとも重症を負い、モンタナにいるという馬専門の治療師（Horse Whisperer といって馬に囁きながら精神治療する）のもとへ娘とともに馬を運んでゆくというストーリーだ。心に傷を負った馬は人間に不信感を抱き、娘を拒否するようになる。娘も精神に異常をきたすが、レッドフォード扮する治療師の努力で身も心も洗われ純粋さを取り戻してゆく。母親の彼女は治療師に惹かれてゆくが、別れを惜しみながらニューヨークの仕事場へ馬とともに去ってゆく――。この映画の本当の主人公はモンタナの大自然なのであった。

ジョーは釣りの帰りの車の中で、「生涯のなかで一番感動した映画だ」と語った。いかにも郷土愛に満ちた純朴なジョーの見解だ、と思った。

アーミッシュの村を訪ねる

朝起きると「このクルマ使って」とリタにキーを渡され、ひとり丘を降りて国道に面したJack's Cafeへ朝食をとりに行った。彼女の父親が晩年開いた店で、今は親戚が経営している。ごくフツーのドライブインだが太った愛嬌のいいおばさんがサービスしてくれ、分厚いボンレスハム、巨大なスリー・エッグス・オムレツ、野菜サラダに朝から大満足だった。

夕食はリタの手料理でこちらも素晴らしかった。肉料理が主体だが、ビーフストロガノフ、ハンバーグステーキ、肉団子のジャガイモと玉ねぎ添え、鶏のバッファローウイング、グリーンサラダ、スープかチャウダーなど毎晩手を変え品を変え、テーブルにどんと大皿が出され、皆が自分たちで取り分けて食べるのであった。

食前のお祈りは欠かさず、アルコールはご法度のようで「ワインは召し上がる?」などと聞かれもしなかった。一瞬「モルモンか?」と思ったが、西部の家庭で禁酒はさほど珍しいことではない。

日曜日、家族と一緒に教会から帰ってきたジョーが、

「アーミッシュ村でバザーがあるから行こう」

と、誘ってくれた。

アーミッシュは東部のペンシルヴァニアが本拠地で知られているが、この辺境のモンタナにも村があるのか、と、ちょっと驚いた。

アーミッシュの村はユーリカから少し離れた山間部にあった。小さな集落で木造家が点在し、中央に広場があった。広場でキュウリやトマトの野菜類や乳製品、手芸品のキルトなどを売っていた。

ジョーは蜂蜜を買って、

「ここは無農薬野菜、手作りキルトなどが人気で、遠くから買い物に来る人も多いんだ。あまり近所と付き合わず、仲間たちだけで暮らしている」

と、説明してくれた。

私は棚にさりげなく置いてあったArmish Cooking Bookを買った。

アーミッシュのことは知っていた。

私の友人で写真家の菅原千代志さんがアーミッシュに関しての本を上梓していたからだ。しかし実際の村に入ったのははじめてのことだった。

男はつばの広い麦わら帽子（冬は黒のつば広帽）を被り、黒色の吊りズボンを履いている。女性は頭に白いレースのボンネットを被り、裾の長い黒や青のワンピースを着て、エプロンをかけている。一人でいればさほどの違和感はないが、集団でいるといささか異様である。

アーミッシュはスイスで生まれたプロテスタントの一派で、宗教迫害にあい、ドイツ南西部、フランスアルザス地方へ移住した。アメリカへ入植したアーミッシュはドイツ系が多いといわれている。現在アメリカ、カナダに二〇～三五万人ほど暮らすというが、隔離した集落なので詳しいことは不明のようだ。

教会や組織に頼らず自らが神と向き合い、聖書だけを信じ、絶対平和主義、禁欲主義、大家族主義を守り、西欧文明を拒否しており、一九世紀の移民当時の生活様式を尊び、自動車、自転車さえも使わない。唯一の交通手段は二人乗りの馬車（バギー）だけだ。電力に関しても否定的で家庭内では電話、通信機（パソコン）、携帯電話は使用せず、風車や水車によって蓄電し、各戸の電灯などを共有している。結婚相手はアーミッシュのなかで探す。教育は村内の学校で八年制。以後高等教育機関に行きたいものは許可するが、しかし、ふたたび村へ帰ってくることは許されない。ここでは速いことよりも遅いことに価値がおかれる、という不思議な宗教集団だ。

二一世紀の資本主義超大国・アメリカにあってこうした現世を離れた人々が共存していることが信じられない。

ハリソン・フォード主演の映画『刑事ジョン・ブック～目撃者』を観てアーミッシュの存在を知った読者もいることだろう。

果たして徴兵や税金はどうなっているのだろうか、と気にはなった。

別れの日、ジョーは手作りの毛鉤とＤＶＤをプレゼントしてくれた。ＤＶＤは例の『モンタナの風に吹かれて』だった。

「今度はリタと東京へ行くよ。案内してくれ」

再会の約束をしておきながら、その後便りはなく、約束は果たされていない。

「必ずまた帰ってくる」

私も約束しておきながら、いつしかモンタナから遠ざかってしまった。

懐かしいあのモンタナの風に吹かれたい、と思いつつ時は知らぬ間に流れてゆく。

旅とはいつもどこかに大切な忘れ物をおいてくるようなものである。

三　オレゴン

オレゴン街道の不思議な出来事

西部開拓者の苦難の道

生涯忘れられない出来事がある。

どう考えても理解できない不思議な体験を話しておきたい。

一九八九年一〇月、アメリカ、ユタ州付近での出来事である。カメラマンのサミー・ウィルソンと二人で、オレゴントレイルの取材旅行の最中のことだった。

オレゴントレイルとはアメリカ西部開拓時代の本街道で、ミズーリ州のインデペンデンスを起点に西海岸のオレゴン州、ポートランドへと至る〝北西への道〟である。

開拓者の多くは東部からの家族や男たちで、西部の広い土地で開拓地をめざす農民、神の国を求めて新天地を見出そうとするプロテスタント、経済恐慌で失業した労働者たちだった。かれらは三〇、四〇人の団体となり幌馬車隊の長い隊列を組み、ガイドを雇い、春の訪れとともにインデペンデンスの町を発った。

険しいロッキー山脈を越える艱難《かんなん》、未開地でのインディアンの襲撃もあった。街道の要所々々には砦が築かれ、今もララミー、シャイアン、レブンワースといった西部劇ではお馴染みの砦の名が残っている。

開拓者は四、五カ月をかけてこの苦難の道を旅したが、縦横にフリーウェイが走る今は一週間ほどあれば踏破できてしまう。

インターステイト（州間高速道路）80号を走っていた。80号はニューヨークとサンフランシスコの東西を結ぶ大陸横断長距離道路だが、ワイオミング（シャイアン、ララミー）～ユタ（ソルトレイクシティ）間ではかつてのオレゴントレイルとルートが重なっている。私たちはオグララ（ネブラスカ州）から出発していた。

フリーウェイはもちろんフリー（無料）なので乗り入れは自由である。

巨大なトレーラーが、山積みの材木を乗せてディーゼルの煙を浴びせて通り抜けてゆく。

ここではわれわれの乗ったオメガ（セダン）はまるでミニチュアカーのようで、彼らはそれを蹴散らすようにわがもの顔に通り過ぎてゆく。四、五台と連なるさまはまさに〝現代の幌馬車隊《ワゴントレイン》〟である。

かつてオレゴントレイルの旅の途上で死んだ者は三万人を超すといわれる。墓標はすでに埋もれてしまっているが、このハードな旅こそアメリカ人の開拓者精神《フロンティア・スピリット》の基礎を築いたといえるだろう。今も土中に深く刻み込まれた幌馬車の轍《わだち》は開拓の夢と悲劇を無言のままに物語っている。

UFOとの遭遇か？

ユタ州に入ると周囲はほとんど荒野となり、草木ひとつない荒れ地の広がりは驚異の世界だ。はるか地平線まで続く平原には人家のかけらもなく、山々は岩を露出させ、陽を浴びて茶褐色に輝いている。この荒野の住民と言えば、ガラガラヘビとコヨーテくらいのものだろう。たまに見かける民家には昔ながらの風車がわびしく風を切っていた。

スネーク川沿いに走り明日はロッキーを越えてオレゴン州に入る、という前の日の夕暮れのことだった。

「見ろよ。あれは何だ?」

車を運転するサミーが突然、指を窓外に向けた。見ると赤い物体が燃えながら夜空をゆっくりと斜めに降下していた。

「たぶんヘリコプターの墜落事故だろう」

サミーが続けた。

アメリカの西部では自家用機は珍しくはない。日本とは異なりヘリコプターや自家用機の墜落事故はそんなに珍しいことではないようだ。

ゆるゆると燃え落ちる物体は、確かに小型の飛行物体のようだった。しかし、よく見ると、もう一つ別の黒い飛行物体が並走飛行しているではないか。それはあたかも墜落機を側から見守っている親機のように見えた。

「まさか、UFOじゃないよな」

冗談を言ったその時である。

気がつくと、知らないうちに私たちは今までの広い三車線のフリーウェイから外れ、突然暗い荒野の未舗装道路を走っていた。

「サムシング・ストレンジ（おかしいな）」

サミーが声を落としてつぶやいた。

フリーウェイは日本の高速道路とは違い、料金所やランプはなく、途中の小さな町やガソリンスタンドに降りる道は細かく設置され、自由に出入りできる。

しかし、サミーは小声で、

「ハンドルを切った覚えはないのだが……」

と言った。

荒野の道は暗く、クルマはガタピシと揺れ、所々に水たまりがあった。やがて牧草地を走る農道のようなオフロードとなり、周囲は家の灯は跡絶え、背丈ほどの野草が路肩を覆っていた。しかも車はどうどう巡りをするように、どこまでも同じ風景の中を走っている。

「あっ！」

阿鼻叫喚《あびきょうかん》の世界とはこういうことを言うのだろうか。

一面が焼け野原になっており、そこにウサギやヒツジ、ヤマネコの焼死体が転がっているではないか。周囲の草木は焼き尽くされ、焼けただれた岩だけが荒野に取り残されている。

「ファイア！（火だ！）」

火の玉が空を横切ったかと思うと、それは巨大な金の延べ棒のように火柱となって地面に直立した。

クルマは止まったままもはや動けない。

サミーと顔を見合わせながら、恐怖で身がこわばったたましばらく沈黙が続いた。

その後のことはサミーと私の記憶は一致していない。

突然のことから記憶の糸が混濁したのかも知れない。サミーは闇を走るエルク（大鹿）の大群のようなものを見たというが、私が見たのはＴＶ映画『大草原の小さな家』のようなキャビンが丘の上に建ち、ほのかなランプの明りが揺らいでいるかのような風景だった。

しかし事件前後の記憶はやはり漠然としており、ただ夢中になって引き返したことしか、意識の中には残っていない。

難を逃れともかく知らぬ間にふたたび私たちは同じフリーウェイの上を走っていた。二、三時間ほどの出来事だった。

もはや記憶は遠のき薄れてしまっているが、その夜はそのままフリーウエイを走り、どこか小さな町のモーテルに泊まった。サミーは少し頭痛がするといってこの日の遅い食事はとらなかった。

私には体調の異変はなくひとり夕食を取り、テレビをつけて眠ったが、どのチャンネルのニュース番組にもこの事件は報道されなかった。

翌朝、元気を取り戻したサミーと私はロビーに置かれた新聞を丹念にチェックしたが、やはりこの「出来事」の報道は一切なかった。

その後、目的地のポートランドで私たちは別れた。

旅の無事を祝し、互いの健康を祈り、ナパヴァレーの白ワインで名物のクレイフィッシュ（ザリガニ）を食べながら乾杯した。

「写真にとっておくべきだったよ。あれはきっと高く売れたぜ」

サミーが髭面の顔をくしゃくしゃにしてウィンクした。

〝大いなる西部〟のワイオミング州、ユタ州、オレゴン州はいずこも荒野と砂漠が連なる地形である。

本物のＵＦＯ事故か、原発実験か、真相は闇の彼方だが、広いアメリカではこんな〝個人的体験〟は日常茶飯事なのかも知れない。

ＵＦＯ研究家、北島弘さんの見解

この事件には後日談がある。

つい最近のことであるがＵＦＯ研究家の北島弘さんとふとしたことから会うことがあり、このおぼろげな記憶の事件のことを話したら、彼は興味をもって調査してくれた。

以下、北島さんがＳＮＳに発表した記事を再掲載しておこう。

（文体は整えるため多少手を加えた）

——この話を聞いた時にふと思い当たるものがあった。

アメリカで発生した有名な事件だ。

それはヒル夫妻事件あるいはゼータ・レティクル事件とも呼ばれているあの有名なUFO遭遇事件である。連想させると感じるのは私（北島）だけだろうか。

この事件は、アメリカのニューハンプシャーで、ヒル夫妻がUFOに遭遇した事件だ。夜間車で帰路につく夫婦がUFOに接近遭遇し、後に2時間あまりの記憶が無くなっていたとされているものだ。また、UFO内部で見せられた星図のようなものが、後に地球からおよそ39光年先にあるレティクル座ゼータ連星系であると解析され、そこの惑星の一つから来訪したのではないかとの仮説も存在する。この事件は大きなニュースになり、米軍関係者や研究家らによって世界的に注目を浴びている。

今回の芦原氏の事件の場所を検証してみたい。

「1989年10月、自動車でミズーリ州のインデペンデンスから西海岸のオレゴン州、ポートランドへと至るオレゴントレイルで、ロッキー山脈を越え、スネーク川沿いに走り、明日はいよいよオレゴンに入る」ということから、生成AIでその事件の場所が特定できないか、検証してみた。

そうすると、「1989年10月にオレゴントレイルを旅していた場合、ロッキー山脈を越え、スネーク川沿いに走り、明日はオレゴンに入る予定であるという状況から判断すると、場所はアイダホ州とオレゴン州の州境付近である可能性が高い。アイダホ州とオレゴン州の州境地帯は、スネーク川が流れ、自然の美しい景観が広がっている。具体的な場所は難しいが、例えばアイダホ州のボイシ（Boise）付近などが考えられる。

次にアメリカ国内で航空機やヘリの墜落事故が当時報告されていたかどうかを調べるために「航空機事故データベース」などを調べたが、それらしい事故を確認することはできなかった。他にこの事件の目撃者や類似のＵＦＯ・ＵＡＰ事件が報告されていないかを調べたが、芦原氏が遭遇した事件の直接の目撃者の記録は見つけることが出来なかった。

しかし、同じ日にアメリカのすこし違う場所で大きな事件が報告されていたのだ。モハベ砂漠事件あるいはモハベ事件として有名である。

その事件とは、この事件と同じ日、1989年10月21日の夜、アメリカ南西部のモハベ砂漠に9つの光る物体が忽然と現れ、夫婦がＵＦＯから現れたエイリアンによるアブダクション（拉致事件）に遭遇したというものだ。彼らはＵＦＯを目撃し、数日後夫婦は異常な経験を訴え、共通の記憶としてＵＦＯ内で様々な経験をしたと述べた。二人は身体的変化や時間や記憶が失われていることを報告し、地元当局や研究者らの調査が始まったのだ。

芦原氏の事件と同様、火柱が出現したとの報告もある。しかし、この事件の真相も依然として謎のままとなっている。

同じ飛行物体の可能性もあるのだろうか。

少しさかのぼって、その3年前には、米国アラスカ上空で日本航空Ｂ７４７機による巨大ＵＦＯ遭遇事件が発生している。１９８６年11月17日にＪＡＬ１６２８便が、巨大な謎の飛行物体に遭遇した事件として世界的に有名な事件となっている。

同じく１９８６年、日本の調査船が海上で調査員や船員など多くの人が巨大なＵＦＯと遭遇した有名な事件として開洋丸事件もある。１９８４年12月18日にフォークランド諸島近辺で最初の遭遇があり、１９８６年12月21日にもウェーク島近辺で遭遇している。

開洋丸は東京大学海洋研究所・海洋水産資源センターが運行する水産庁の漁業調査船である。事件の詳細は日経サイエンスに発表されたことで有名なレーダー観測が伴った重要な事件となった。大きな重要な事件であるが謎のままである。

と、この事件のあった１９８９年前後にはいくつかの大きな事件が発生していたことがわかる。

著者自身（北島）、この出来事は実際に起こったＵＦＯの驚愕事件だったものと確信した。

（宇宙現象観測所センター　北島　弘）

さて、読者諸氏はこの事件、いかなる印象をもたれただろうか？　世の中には不思議なことがまだまだあるようで、だから旅はやめられないのである。

アメリカ大西部をゆくと、時が30年戻ったかのような風景に出会う

10
カナダ
ホッキョクグマに会いにいった

三六〇度の水平線と地平線

カナダ、マニトバ州、チャーチル。

気温、マイナス五℃、晴れ、無風——。

二〇一七年五月上旬、初夏の東京を発ち、カナダ北極圏の街、チャーチルにいる。

チャーチルは北緯五八度、東京との気温差は三〇℃！　もあったが、覚悟して防寒服で固めていたせいか、寒さはさほど感じなかった。

チャーチルは〝ホッキョクグマの聖地〟として知られ、北極圏に近いハドソン湾に面した小さな町だ。人口は約一〇〇〇人。五分も歩くと、町からはずれ荒野の片隅に出てしまう。

ホッキョクグマの取材が目的だった。

本来は熊が出没する時期（秋から冬）に行くべきだが、雑誌の取材はいつも季節が前倒しになる。熊シーズンの秋に特集を出そうという計画だから現地取材は五月になってしまうのだ。ホッキョクグマには会えないだろうが、メッカといわれるチャーチルまでゆけば、話はいっぱい聞けるだろう、というワケだった。

ハドソン湾に面した海岸に沿ってメインストリートがあり、ごくフツーの通りのごとくスーパー、ホテル、ガソリンスタンドが並ぶが、町らしきものはただそれだけ。あとは数本の未舗装道がのろのろと内陸部へと延びている。

メインストリートに沿って歩いた。

町はずれに展望所があり、そこから眺めると、三六〇度の風景が手に取るようだ、ときき確かめに行った。

丘に登ると、前方は氷結する海、振り向くとツンドラの氷原。水平線から地平線までえんえんと大雪原が広がった。

蒼空がとりとめもなく大きい。

まさに極北――。

地球を独り占め、の気分だ。地球と私が向かい合っている。

脇にポツンと、石のオブジェが立っていた。

――イヌクシュクだ。

石が積み重なり、不思議な形をしている。ずんぐりむっくりの人の姿のようでもあり、あるいは道標、ケルンのようでもある。原住民イヌイットの道祖神を思わせ、何か、思いを伝える人の形のようにも見える。

イヌクシュクが一体何を伝えようとしているのか——という素朴な疑問から旅ははじまった。

激減するホッキョクグマの生息数

チャーチルは別名、〝ホッキョクグマの首都 Capital of PolaBear〟といわれている。

ホッキョクグマは、現在全世界に推定二万二〇〇〇頭、その六割がカナダに生息する。オスは体長三メートル、体重五〇〇キロを超え、メスは体長二メートル、体重三〇〇キロほど。世界で最大級のクマである。

今から二五万年前、現生人類が猿人から進化した頃に、こちらもグリズリー（ヒグマ）から分化した。足に水かきがあり、爪は短く、頭部は細長く小さい。長い鼻は〝ローマ鼻〟

と呼ばれ愛敬がある。

動物園などで見ると、凶暴なヒグマに比べれば、なんとなくユーモラスで母性愛を感じさせる。だがこれらすべてはアザラシを獲るというために特化した体軀だ（食糧の九五％はアザラシに依存している）。

一九五〇年代、不幸な時代があった。

世界の狩猟家たちが北極圏に押し寄せ、冒険活劇よろしく熊を撃ちまくった。イヌイットはハンティングガイドに雇われ現金収入を得た。狩猟は当初のスポーツ精神から大きくはずれ、小型機や船上からの射撃ゲームとなり、ホッキョクグマはその犠牲となった。アフリカでライオンやゾウが狩猟家たちの標的とされたのと同じ運命だった。

一九五六年、最初にソヴィエト連邦がホッキョクグマを保護動物として狩猟規制をし、一九六五年になってアメリカで環北極圏会議が行われ、「バッファローと同じ運命をたどらせたくない」という意見が賛同を得た。

一九七三年、米国、カナダ、デンマーク、ノルウェイ、ソ連の北極を取り巻く諸国が集まり、保護協定を締結し、狩猟の制限、禁止、割当制度などが約束された。時は冷戦のまっただなかだったが、ホッキョクグマ保護という点では東西の壁を分かたず意見は一致した。ホッキョクグマが〝鉄のカーテン〟を破ったのだ。

ワシントン条約が発効されたのは、やっと一九七五年のことだった。これは野生動物保護のための国際条約で、毛皮、牙などの国際商取引を規制した。

さらにホッキョクグマの受難は続く。

北極圏の汚染問題である。

一九九〇年代、世界的なPCB（ポリ塩化ビニフェル）による汚染、農薬散布、都市による工業用水（水銀、カドミウム）、原子力開発などによる環境汚染問題が浮上した。潮流、気流により、世界各地で発生した有害物質は北極、南極の極地に溜まる。美しい北極圏が実は地球上で一番危険な汚染地域となってしまった。

たとえば、残留性有機汚物物質（POPs）は河口で植物プランクトンの体内へ運ばれ、動物プランクトンがそれを食べ、さらに魚がそれを食べ内臓や脂肪に蓄積される。魚を食べたアザラシをホッキョクグマが捕獲する。

ホッキョクグマの体内にはPCBが多く残る結果となり、人跡未踏の地に暮らすホッキョクグマが一番体内汚染されている、という現実に人びとは驚いた。

さらに温暖化現象が追い打ちをかける。

ハドソン湾南岸では春の解氷が平均三週間早くなっており、熊は陸上で過ごすことが多くなり、繁殖や子育てが困難になってきた。腹を空かせて、町へ出かけて食べ物を漁《あさ》る熊も出てきた。日本の〝里山熊〟と状況は似ている。ハドソン湾西岸では一九八七〜二〇〇四年の一七年間に個体数は二二％減少した、と報告されている。

ようやく二〇〇八年となり、米国地質調査所は、

「このまま海氷が減少してゆけば、世界中のホッキョクグマの三分の二が今世紀半ばまでにはいなくなる」

と予言した。

現在ホッキョクグマは絶滅危惧種Ⅱ類に分類されている。Ⅰ種は絶滅寸前、Ⅱ種は厳重に規制しないと絶滅の怖れのある野生動物だ。

家族部屋もあるホッキョクグマの収容所

カナダはホッキョクグマ研究が一番進んでいる。

国内の生息エリアを一三地域に分けており、チャーチルはハドソン湾西部に属し、このエリアに約九〇〇頭が住み、チャーチルの町周辺にはその半分の三〇〇～五〇〇頭が生息していることが分かっている。

チャーチル川の河口に開けた町は、各地から熊たちが集まってくる。河口は海に出やすく、凍るのが早く、アザラシの好物の魚類が多く集まるからだ。ここではシーズン（九月～一一月）中にホッキョクグマを見ることはさして困難ではない。

マニトバ州野生動物保護局を訪ねた。

スーパーと郵便局など雑多な施設が混在する建物の一角に管理事務所はあった。

ここでは「ポーラベア・アラート・プログラム」という独自なシステムをもっており、市民や観光客がクマに遭遇した時の非常時対策を実行している。

ブレット・ウロック所長に会った。三〇歳代のブレットは長身で肩幅広く軍服で身を固め、精悍な風貌は西部劇に出てくる若き保安官を思わせた。

「町の入口にワナを数ヵ所仕掛けており、朝夕保護官がチェックしている。もし市民が見つけたらオフィスに通報する。ホットラインができていて、数人いる保護官全員に通報が伝わり、近くにいる者が現場へ急行する」

熊を見つけると保護官は警笛を鳴らし、車のライトを浴びせ、熊を町から追いやる。それでも逃げない場合は銃を使うが、弾丸は三種類あり、まずはクラッカー（音）で脅し、次はゴム弾で皮膚を傷める、最後は麻酔弾を撃つことになる。

眠らせたクマは収容所に運び、そこで三〇日間保護し、落ち着いたところで、ヘリに乗せて、安全な氷上まで輸送しリリースするという具合だ。

熊収容所を見せてもらう。

世の中には不思議な施設があるものだ。

原野に建つ巨大な倉庫のような熊収容所は二八室に分かれており、そこには二つの家族部屋も用意されていた。黙っていてもエサがもらえる熊にとって、ここは個室ホテルでもあり、何よりも安全な場所といえそうだ。

ブレットは、

「去年は五五頭遭遇した。二年前は七七頭だった」

最多は二〇〇五年の一七六頭。シーズンを四カ月とすると、ひと月に四四頭遭遇した計算になる。一九八六年以降、人の死亡事件は記録されていない。

熊は危険か、との問いには、

「凶暴とは思わない。ただ好奇心が強く、どう出てくるのか行動が予測しにくい。こちらの出方をうかがいながら機会を待っているって感じだね」

ホッキョクグマは凶暴なヒグマとは違い、九九%は人間に出会うと向こうから逃げるという。ただしわずか一%の熊が例外で、この熊は人を襲う可能性をもっているから気をつけないといけない。

そういわれてもどの熊が危険かは区別つけがたい。

「出会ったら、まずは静かにしていること。そのまま目をそらさないで後すざりしながら徐々に離れること。決して背を向けて逃げたりしないことだ」

ホッキョクグマは人間よりずっと速い。もし逃げると追いかけてくる。

ブレットはサスカチワン州出身で、大学で環境学を専攻した。オフィスワークより動物、自然、アウトドアが好きでこの職場を選んだ。チャーチルでは一〇年勤め、

「この仕事が務まったら、何でもできるだろう」

という自信がある。

「第一眠るヒマがないよ。フツーの家庭生活は無理だね。好きだから続けられるけど本当はもうやりたくないね」

片目を閉じて、本音を漏らした。

クマが襲ってきた

衝撃的な熊との遭遇があった。

その事件の当事者に会った。町に二軒しかないレストランの一つ、「ジプシー」の女主人のヘレン・ダシルヴァさんだ。

還暦を来年迎えるというヘレンはポルトガル生まれ。白い肌に高い鼻、黒い長髪がいか

にも欧州系のエキゾチックな熟女を感じさせる。幼い頃、両親が夢を抱いてカナダに移住しモントリオールで育った。夫と二人でチャーチルに移り、店は今年二〇周年を迎える。

被害に遭ったのは従業員のエレンで、二〇一四年、晩秋の出来事だった。

「エレンはシーズンに毎年アルバイトに来てくれるいい子でね。たまたまハローウィンの夜、友人の家にパーティに呼ばれて、その帰り道、夜明けに襲われたのよ」

店の仕事を夜の一一時に終えて、友人宅にゆき、早朝四時頃帰宅途中に襲われた。

「エレンが襲われたって、友人が知らせにきたの」

とび起きて、現場に駆けつけたら、もう救急車が来ていた。

事の顛末は、クマがエレンを襲い、口にくわえて振り回した。悲鳴を聞いて近所の七〇歳の老人がシャベルをもって駆けつけた。熊はエレンを放したが、今度はその老人に向かってきた。老人はシャベルで抵抗したが、また口にくわえられて振り回された。銃をもった近所の男が撃とうとするが、老人が危険で撃てない。若者がトラックを出して、熊にぶつけ、やっと老人は解放され熊は撃たれた。

「悲しい出来事だけど、一度人間の血の味を覚えたクマはここでは撃たねばならないのよ」

二人は飛行機でウィニペグの病院へ運ばれたが、人命に影響はなかった。老人は州からその勇敢な行為を表彰され、エレンも翌シーズンは元気な顔で戻ってきた。

熊は六〇〇ポンド（約二七〇キロ）の雄だった。ほかにもヘレンは二度も店のドアや窓ガラスを割られたことがあり、クマとの遭遇経験が豊富だ。

友人三人でドライブにでかけた折、公園で突然熊が現れた。

「車内で私たちが挽肉入りのチリビーンを食べていたから、その匂いを嗅ぎつけたのかもしれないけどね」

親子熊で、クルマの前に立ちはだかった。

「怖かったけど、クラクション鳴らしたら、すんなり逃げて行ったわ」

熊はふだん海上にいるが、海氷が解けると、陸上へあがり巣を作り、次の結氷の季節を待つのである。

たびたびの被害にあってチャーチルを離れないのか？　と、きくと、

「お料理が好きだし、皆いい人たちばかりだし、〝この世の果て〟なんて思わないわ。夏

に来なさいよ、ツンドラに花が咲いて、きれいよ。ベルーガ（白イルカ）も一度見れば感動するわよ」

住めば都なのだろうか、ただし、

「病院がなくて不便。歯の治療に飛行機で一時間かけてウィニペグまでゆくのよ」

凍原（ツンドラ）の町で暮らすのはやはり大変のようである。

市長はクリー族出身だった

レストラン「ジプシー」のヘレンの手料理は、とても辺境の味だとは思えない。グルメ王国・ポルトガルの血が入っているだけで、こんなにも違うのだろうか。ヘレンの料理はカナディアンレベルではない。タラのバカリャウ、スパニッシュオムレツ、サーモン&サラダ、香辛料たっぷりのステーキ、赤白のポルトガルワインなど、夜毎のディナーが楽しみだった。

そこで偶然会ったのが市長のマイク・スペンス（六〇歳、当時）で、ワインを飲みながら、話をきいた。

マイクは地元チャーチルに生まれ、一二歳からアルバイトをしてお金を稼いだ経験があり、高校卒業後、ホテルや観光関係の職場に就いた。もともと実業家志向で二〇年来市政に関与している。

精悍な風貌、肌は茶褐色、ジーンズ姿のラフな装いで、とても政治家には見えない。野生的な鋭い眼、白い歯がきれいだ。俳優のトミー・リー・ジョーンズにどこか似ている。

ハンサムだと言うと、

「じゃなきゃあ、市長なんか務まらないよ」

と、ご機嫌だった。

マイクはクリー族の出身である。

チャーチルはもともとディネ族（アサバスカン族など大陸北西部に住むインディアンの総称）のエリアだった。その後クリー族、イヌイットが移住し、三つの部族が混住していたが、一七世紀になって白人が毛皮を求めて移住した。今は白人と先住民が半々で、イヌイットは少ない。クリー族はカナダ・ファーストネイションズ（先住民）の一つで、マニトバ州では最大勢力。他部族とは交わらず純血を保っている。

「俺は伝統にしがみついていたくない。父親の世代とは違う生き方をしたかった。チャーチルは一九五〇〜六〇年代、陸軍の施設があったんだ。その時人口は六〇〇〇人を超えていた。NASAのオーロラ研究所もあった。七二年に軍が引き上げてからはご覧の通り、さびれる一方さ」

市長になる前のことで、その頃マイクは市政に参加したばかりだった。

「生まれ変わりの時期だった。州政府が資金を投じ再生を図った。その時、港湾整備や観光産業をはじめていれば人口減少はくい止められたはずだ」

今後のビジョンは？　と、きくと、

「まずは港と鉄道を復活させたい。次に医療機関の充実、さらには観光産業の活性化、研究・リサーチ機関の誘致が私の四つの方針だ」

観光の目玉は、夏のベルーガと秋のホッキョクグマ。冬の氷結した海の美しさ、オーロラも魅力だ。研究所に関してはノーザン・スタディ・センターが中心となり、気候変動や海洋の調査・研究を続けている。

「ホッキョクグマ再生の気運はアメリカ人の野生動物写真家、ダン・ガーベッチがナショナルジオグラフィック社のビデオを制作したことが端緒だった。地元カナダの技術者、レン・スミスの加入も大きかった。バギーカーを開発して結氷した海へゆけるようにしたのが最大の功績だ。二人の出会いがポーラベアブームを作ったんだね」

以来、観察、撮影ツアーが造成され、誰でもがホッキョクグマやベルーガに出会えることになった。今では中国、日本、オーストラリアなど世界中から観光客が訪れている。

犬は家族と同じで友だちだ

マッシャー(犬ぞり師)がいるというので、会いにいった。

これまでグリーンランド、アラスカ、ロシアと北極圏を旅してきたが、出会った人々のなかではマッシャーが一番印象的だった。

マッシャーとは犬を飼い、犬ぞりレースに挑戦し、賞金を稼ぐプロの男たちの総称だが、そこには度外れた精神力、体力と経験、犬とのコミュニケーション能力が必要とされる。

北極圏では犬ぞりレースが盛んで、「ユーコンクエスト」と「アイデタロッドクエスト」の二大レースが知られる。ともに厳冬期、マイナス四〇℃というなか、二週間かけて一六〇〇キロ以上走る、という過酷なレースだ。賞金は三万US$（約四五〇万円）で、優勝すれば名誉と尊敬はもちろん、実質的なブリーダーとしての仕事にも箔《はく》がつく。

かつてアラスカで優勝者にインタビューしたことがあったが、州内にその名は知れ渡り、インタビュー中にも若い女性らが脇から「写真撮らせて！」と、まるで映画スター並みの人気だった。日本人も挑戦しており、本多有香さんが二〇一二年、ユーコンクエストを完走するという快挙をなしとげた。〝大和なでしこ〟もここまでくると見上げたものである。

ここチャーチルで出会ったマッシャー、ケリー・トゥルコット（四九歳、当時）を紹介しよう。ケリーは長身で精悍な体軀、顎髭を生やした野生的な面立ちで、まるでこの人もまた映画俳優のようであった。

「断っておくけど、ぼくはレースに出る本職のマッシャーじゃないよ。本職は大工、建設関係の仕事をしている」

子供の頃から犬が好きだった。高校までウィニペグで育ち、大学を出て環境コンサルティング会社に一〇年ほど勤めた。植物や野鳥の調査などフィールドワークが仕事だった。九〇年代にチャーチルに来て、はじめはツアーガイドをしていたが、たまたま友人が犬を飼っており、その手伝いをしたことで、犬との暮らしが楽しくなった。以来チャーチルに定住し、ツアーやイベントで犬ぞりをひき客を楽しませている。犬は一七頭飼い、家でも別にペット犬を飼っている。

「ここにもハドソンベイ・クエスト（チャーチル〜ギラム、四〇〇キロレース）があるけど、出場するにはレース用の純血のエスキモー犬を最低三〇頭は揃え。餌、健康管理など大変な仕事量だ。おまけに資金がいる。ぼくは大金を投じる競技より犬と一緒に生活を楽しみたい方なんだ」

栄光を目指さず、犬との共生を優先する人だ。その生き方にハートウォーミングな性格が偲ばれる。

犬ぞりに乗せてもらった。

犬たちは走る前から吠えたてて、興奮状態になっている。ただただ「走る」という目的のために訓練されているのがよく分かる。

「そちらがリーダーのトレーシー。雌で六歳、冷静で沈着、少しシャイだけどね。こちらがサブのスモーキーで雄の五歳、賢くて、知的だ。リーダー犬の選択で犬ぞりの優劣が決まるんだ」

ケリーの飼う犬たちに純血種はいない。雑種犬にカナディアン・エスキモー、シベリアンハスキー、オオカミなどの血が少しずつ入っている。

「ジー（右へ）！」

「ハー（左へ）！」

「マッツア（動け）！）」

ケリーの〝犬語〟に合わせ、犬たちはよく走った。

スピードは時速一五キロほどで、自転車くらいの速さ。犬たちは走る時は吠えない。空打ちする鞭、橇の雪擦れの音だけが静かなスプルースの森に響いた。

「経験の少ない犬はペース配分ができない。だからすぐにバテるんだ。声の優しさ、荒さでぼくの気持ちを犬たちは理解する。犬って賢いんだよ」

餌はケリーがアザラシを撃ってくる。昨日も一頭捕えた。二頭あれば二～三週間はもつ。

ほかに鴨やホワイトフィッシュ、時々ムース（ヘラ鹿）やカリブー（トナカイ）も撃つ。この時ばかりは犬たちは大喜び、犬にも肉のうまさがわかるようだ。

「三月末にブリザードがあった時、四、五日家から出られなかった。町中ミルクがなくなって大パニックになった」

「犬は家族と同じで、名前が違うように個性がそれぞれ違う。やんちゃなのや澄まし屋などね。外へ連れてゆけない時は、皆淋しそうな顔をしている。人間でいえば一三〜一六歳の少年少女の感じだ」

グリーンランドの犬使いを思い出した。

アザラシ猟に同行したが、途中で怪我をした犬をイヌイットはそのまま雪原に放置した。そこでは犬は道具でしかない。犬に対して愛とかいたわりは感じられなかった。

かつて植村直己がグリーンランドの縦断を試みた時、食糧がなくなり、生存が危ぶまれたが、「犬だけは食べることに躊躇《ちゅうちょ》した」と告白していた。イヌイットや西欧の探検隊にとって犬を非常食代わりとするのは常識だった。

ケリーは犬を家族の一員として扱っている。いかにも温厚なカナダ人の優しさを感じる

が、

「実はぼくはメティスなんだ。父親がメティスで、母親はイギリス系の白人だった」

そうだったのか。

愛犬家といえばイギリス人の代名詞のようで、ケリーはイギリス系の白人とばかり思っていたが、混血のメティスだったのだ。

メティスという混血人種

カナダの歴史を簡単に紐解いてみよう。

一六世紀の大航海時代、フランス人の探険家、ジャック・カルティエがカナダの東海岸・セントローレンス湾の探検を行い、先住民との毛皮交易がはじまった。一六〇三年、カルティエは今のケベック州にヌーベル・フランスを建設した。以来、白人が入植するが、それ以前、この国はインディアンとイヌイットの国だった。

ハドソン湾に関しては、一六七〇年にイギリスの国策会社ハドソンベイカンパニーが砦を建設し、やはり先住民との毛皮交易をはじめたのが最初である。

ケリーの出身のメティスとは、北米先住民（インディアン）とヨーロッパ系白人（フランス、イギリス）との混血で、独自の世界観と宗教観をもち、北米北西部に定住した。メティス（Métis）という単語はフランス語で「混血」を意味している。

二〇一一年の調査では約四五万人（カナダ全人口の約二％、先住民の三二・三％）が暮らし、ノースウエスト準州、マニトバ州、サスカチワン州に多く住む。

敬虔なカトリック教徒であること、狩猟・採集だけでなく農業を行い、礼服を着ての音楽会や舞踏会を催すなど、いわゆる北米先住民とは一線を画している。

白人との戦いもあった。

カナダ太平洋横断鉄道建設を強行するカナダ政府に対し、居住地を放棄せず、食肉用のバッファローを確保するため反対し、二回に渡り武装蜂起した。カナダではアメリカと違い、先住民が結束して政府軍と戦う大きな戦闘はなかったが、メティスの反乱は稀な例として記憶しておくべきだろう。

一回目は一八七〇年、ウィニペグ近郊のレッドリヴァーの反乱だった。メティスのリーダー、ルイ・リエルが中心となり、臨時政府を樹立し、オタワのカナダ政府軍に対し反旗を振りかざした。しかし軍が出動する前に臨時政府は瓦解しリエルはアメリカへ亡命した。

二回目はバトゥーシュの戦い（ノースウエストの反乱）で、レッドリヴァーの戦いの一五年後の一八八五年、亡命中のリエルを軍師のガブリエル・デュモンが説得し、ふたたびリエルが先頭に立った。

思えばルイ・リエルは悲運のヒーローだった。メティスの独立を主張し、政府政策に反対し、少数ながらも戦ったが、多勢に無勢、やがて捕らえられ、裁かれ処刑された。処刑された日とカナダ太平洋鉄道の最後の犬釘が打たれた日がほぼ同日だったことがカナダの歴史を知るうえで象徴的である。

従来のカナダ史では長らく反逆者扱いだったが、現代では見直され、〝マニトバ州誕生の父〟と称されている。

犬ぞり師、ケリー・トゥルコットは、

「この土地はもともとディネ族のスピリチュアルな場所（聖地）で墓もあった。ディネ族の祖先の土地を守るという理由で町から土地使用の許可を得たんだ。ディネの人たちがセレモニーで来ることもあるよ」

メティスの血を継ぐケリーはやはり他部族をいたわる心を失っていない。リエルも反乱の時は、土地のクリー族と同盟した。

「ルイ・リエルと血縁関係はあるのか?」

ときいたら、

「ポシブル(たぶんね)」

と、笑って答えて、親指を立てた。


現在のカナダはイギリス、フランスの二国が中心となり諸民族の独自性を認めるかたちで建国された。カナダの公用語が英語とフランス語の二カ国語であることがそのことを証明している。

アメリカ合衆国が人種のメルトポットといわれ、各民族が融合しているのに対し、カナダはモザイク国家といわれる。それぞれの民族や種族が独自の文化を保持し、互いに尊重しながら国を成立させている。民主主義の基本が国家精神として貫かれているのだ。

人跡稀なこの地でも白人、イヌイット、メティス、インディアンと人種は複雑な構成だが、それぞれの文化、生活スタイルが今は尊重されている。

イヌクシュクの一つ一つの重なる石はそれぞれの民族、部族を示しているのだろう。雪原に建つ石像の意味が少し分かったような気がした。

ホッキョクグマの聖地・チャーチルの駅に降り立つ

おわりに

これまで多くの国々を旅してきた。

辺境の旅は私にさまざまな事を教えてくれた。

カナダ北太平洋沿岸に暮らすハイダ族は政府の強行する森林開発に対して抗議を唱え、ついには伐採を中止させ、自然保護公園とすることで森を守った。

元族長の家系に生まれたという男は、

——四代先まで考えて物事を決めよ。

という祖先からの教えを皆で守ったのだ、と語った。

彼らにとって森は生命の源であった。

北朝鮮に行った時、私はちょうど六〇歳の誕生日を迎えた。祝ってくれた現地ガイドに、

——この国で六〇歳はまだ青年。本当の人生は九〇歳からですよ。

と励まされた。

平均寿命七〇歳しかない国で九〇歳とは！　と驚いたが、老域に達してから己の人生の愉しみがある、という教訓を伝えてくれたのだろう。独裁軍国主義国家、最貧民国と語られる国情だが、そんななかでも人々は儒教の敬老思想を尊んでいた。

中東の国々はイスラム教徒が多い。

ある時、エジプトで貧しい親子が道端のロバ車で売る竹籠を買ったことがあった。市価よりうんと安かったが、それをさらにまけさせて、いい買い物をしたと自慢した。それを聞いたアラブ人のガイドのなんとも悲しそうな表情を忘れられない。

——あなた方の国には喜捨《きしゃ》の心はないのか。

イスラム社会では富裕層は貧しき者に施《ほどこ》しをするという倫理がある。コーランの教えである。私は富裕層ではないが、少なくともその親子よりは当時金を持っていた。ガイドブックなどでは「市場で買い物をまけさせるノウハウ」などというコラムがあるが、日本人の常識は中東の国々では通じない。この時ばかりは自らの吝嗇《りんしょく》さに恥じ入ったものだった。

辺境とは未開の地で、そこに暮らす人々、あるいは少数民族は遅れている。だから文明の光、キリストの教えが必要なのだ――という身勝手で強引な西欧の啓蒙主義時代が一時期あったことは歴史の真実である。しかし、二一世紀の現代、西欧文明＝進歩という構図は疑問視され、見直しがなされ、すでにその運動ははじまっている。

フィンランドでは政府と先住民のサーミ族との共同研究が行われ、減少した鮭の生態圏を回復させた。オーストラリアでも原住民のアボリジニーから森林火災防止の方法を学んでいる。彼らは豊富な知識を持ち、〝制御された火〟は、〝暴走する火〟を防ぐことを教えている。アメリカ政府もカルフォルニア州での森林火災防止のため先住民の「野焼き」の伝統の復活を支援している。またイエローストン公園では鹿害による生態系の崩壊から、絶滅したオオカミの導入を図り成功した。これも先住民の知恵であった。また病院やその他の医療施設に、先住民の「癒しの儀式」や習慣を尊重するスペースを作り精神医学に活用するという計画も進んでいる。現代人の心の傷をほぐすにはスピリチュアルなサポート（霊の力）が見直される時代でもある。

この半世紀、世界は激動したが、変化の波はさほど辺境には及んでいない。たとえ時代が変わっても、民族の根っこはさほど変わらないものである。

旅は見聞であり、新しい知の発見である。

時には辺境の風に吹かれるのもよいではないか――。

本書の編集に当たっては出版事業部編集部の佐々木勇志さんにお世話になった。取材時の写真を提供していただいた生井秀樹さん、戸川覚さん、また多くの同行通訳・ガイド氏とともに感謝する次第である。

二〇二四年　湘南の潮風のなかで

芦原　伸

芦原伸（あしはら・しん）

1946年生まれ。名古屋育ち。ノンフィクション、紀行作家。北大文学部卒。出版社勤務を経てフリーランスに。1980年、創作集団「グループ・ルパン」を主宰。編集者、記者として世界70ヵ国を取材する。「天夢人Temjin」（出版社）の編集長、代表を経て2019年独立。日本文藝家協会、日本旅行作家協会会員。著書に「ロシア、一九九一、夏」（角川学芸出版）、「アフリカへ行きたい」（街と暮らし社）、「シルクロード鉄道見聞録」（講談社）、「鉄道おくのほそ道紀行」（講談社）、「地球鱒釣り紀行」（新潮社）、「へるん先生の汽車旅行」（集英社）（第10回開高健ノンフィクション賞最終候補作品）。「新にっぽん奥地紀行」（天夢人）、「被災鉄道」（講談社）（第40回交通図書賞受賞）。「ラストカムイ」（白水社）、「北海道廃線紀行」（筑摩選書）、「旅は終わらない」（毎日新聞出版）、「世界食味紀行」（平凡社新書）、「草軽電気鉄道物語」（信濃毎日新聞社）など。

わたしの旅ブックス

055

辺境、風の旅人

2024年8月30日第1刷発行

著者――――――芦原伸

デザイン――――松田行正＋杉本聖士（マツダオフィス）

地図作成―――山本祥子（産業編集センター）

編集――――――佐々木勇志（産業編集センター）

発行所―――――株式会社産業編集センター
〒112-0011
東京都文京区千石4-39-17
TEL 03-5395-6133　FAX 03-5395-5320
https://www.shc.co.jp/book

印刷・製本 ―――株式会社シナノパブリッシングプレス

ISBN978-4-86311-414-2 C0026